デビ・ブラウン 著
村山光子 吉野智子 訳

アスピーガールの心と体を守る性のルール

TOYOKAN

はじめに

この本は、繊細で傷つきやすいアスペルガーの女の子や女性のために書いたものです。本書の中では、そんな彼女たちを、愛情を込めて〝アスピーガール〟と呼んでいます。

アスピーガールは、社会の一員として生きるために大変な苦労をしています。努力してもなかなか上手くいかず、様々な失敗や困難を体験しているのです。

そんな中で、心が傷つき、疲れ切ってしまうこともあるでしょう。

アスピーガールは友人関係を築くのにも苦労します。友達がほしいと思いながらも、実際はとても難しく、一人で過ごすことが多いかもしれません。

同年代の子たちとの結びつきが弱いということは、必然的に入ってくる情報も少なくなります。

こうして、アスピーガールは、同年代の他の子たちと比べて性に関する知識も乏しく、置き去りになってしまうのです。

私自身もアスペルガーの診断を受けています。だからこそ、アスピーガールを守るために重要なことについて、よく理解しているつもりです。

アスピーガールにとって何よりも大切なのは、性について正しい知識を身に付けることです。本書の目的は、重要で具体的な性の情報を伝えることです。このような話は、世の中ではあまり言葉にされませんよね。だからこそ大切だと考えたのです。

本書の執筆は、私にとって苦しいものでした。言葉にするのは恥ずかしいことも記さねばならなかったのです。できる限り愛情を込めた文体で、つらい思いをさせないように配慮して書きましたが、読者の皆様にとっても、簡単に読めるものではないかもしれません。

しかし、たとえ本書を読み多少動揺したとしても、情報がないことの方が結果的にはアスピーガールを深く傷つけることになると、私は感じています。

本書はアスピーガールだけでなく、すべての女性にとって重要で役に立つものです。アスピーガールを大切に思う人たち、家族、友人、サポーターなど、多くの方に読んでいただきたいと思っています。

本書を通じて関わることができたすべての人たちが、素晴らしい人生を送れることを、心より願っています。

デビ・ブラウン

『アスピーガールの心と体を守る性のルール』 目次

第3部 性に関する知識を持つ

第4部

望まないセックスから身を守るために …… 155

目次

装・挿画　志村貴子
装丁　mika

第1部

心と体の守り方

第1章

支えてくれる人を見つけよう

人は誰でも人生において、失敗したり、悩んだり、苦しんだりするものです。私たちアスピーガールは特に、自分たちではどうにもならないことで失敗したり傷ついたりすることも多いです。

しかし、忘れないでください。あなたは存在するだけで価値があるのです。

この章では、自分自身を好きになる方法を紹介します。大切なのは、困ったときに支えてくれる人=「(あなたの)サポーター」を見つけることです。

1 自分を好きになる7つのルール

考え方のクセというのは、過去の経験によって作られます。

私自身のことで言うと、今まで失敗ばかりしてきた積み重ねから、自分に起きた出来事をネガティブにとらえるクセがありました。

例えば、会社を休んだ次の日、出勤するのを不安に感じることがあります。同僚から仕事のことについて尋ねられたとき、上手に受け答えできないかもしれないと心配だからです。


そして同僚からの質問に上手く答えられないと、「私はバカだ」と思い込み、落ち込んでしまいます。よく考えると、そんな考えはくだらないものだと分かっていても、私の無意識の中には確実にネガティブな考え方があるのです。

最初は、そのクセについて認識するだけでいいのです。そうすることで、自分が無意識に思うことと、意識的に考えること、それぞれを把握することができます。そして、それらが矛盾していることが分かるようになるでしょう。

考え方のクセを変えるのに一番いい方法は、新しい考え方を身に付けること。

ここではアスピーガールの不安や誤解を解き、自分を好きになるためのルールをお教えします。しっかり理解できるように、何度も繰り返し読んでみてください。

ルール1 あなたは完璧でなくていい。

アスピーガールの多くは、完璧を目指してしまいがちです。完璧なことが他の人から認められる条件だと思っているのです。もちろん、完璧を目指すことにはいい面もあります。私に関して言えば、完璧を目指すことで、仕事においては注意深く正確です。

しかし、アスピーガールは完璧を目指しすぎることで、ストレスや不安を感じ、必要のないプレッシャーに襲われてしまうのも事実です。失敗を恐れるあまり、新しいことに挑戦できなくなってしまうこともあるでしょう。

誰だって間違えることはあります。そして、**失敗は成長するためのチャンスでもあり、悪いことばかりではありません。**思い通りにできなくても、自分を責める必要などないということを覚えておいてください。

ルール2 あなたは価値のある特別な存在だ。

「自分には価値がない」と思うのは、とても危険なことです。そう思っていると、ひどい扱いをされたり、利用されたりすることを無意識のうちに受け入れてしまう可能性があります。

男性とのお付き合いに関してもそうです。「まともな人は私なんか選ばない」と思っているとしたら、間違ったタイプの男性を選んでしまうかもしれません。

最近になって私には、「あなたは価値のある人間だ」と言ってくれる人が現れました。

これは私の中のちょっとした革命です。何か成し遂げたわけではなくても、そもそも私が生きているだけで価値があるというのです。

これはあなたにもあてはまります。アスピーガールであってもなくても、どんな人にもいいところと悪いところがあり、その両方が混ざり合っているものです。

アスピーガールにはもちろん、できないこともありますが、あなたは生きているだけで価値がある特別な存在だということを決して忘れないでください。

ルール3　あなたは自分のペースで成長すればいい。

アスピーガールの心の成長のスピードは、他の人とは違う場合があります。

私もその代表で、クラスメイトが思春期にさしかかり、精神的にかなり大きな変化を迎えている頃、変わらず幼い精神状態にとどまっていました。

社会人になってからも、自分がいまだに小さな子どものままのように感じることがあります。

そして、精神的に未熟なのにも関わらず、他の人がやっていること（私の場合は身近な姉のしていること）を同じようにやらなければならないと思っていました。

「これくらいの年齢になったら彼氏を作るべきだ」「3か月付き合ったのだからキスをするべきだ」「これぐらいの年齢になったら結婚すべきだ」

私はこれらの考えに縛られて、まだ準備ができていないようなことでも、やらなければならないと思い、とても嫌な気持ちになることもありました。自分はなんてのろまで、バカで、愚かなのだろうとみじめな気持ちになったのです。

他の人がしていることを、自分も同じようにしなければならないと決めるのは、アスピーガールにとっては明らかによくない考え方です。

特に男性とのお付き合いにおいて、自分の中で準備ができていないことを無理にする必要はありません。あなたはあなたのペースで成長すればいいいし、自分の中で準備が整った

と思えた段階で、新しいことに挑戦していけばいいのです。

ルール4 あなたは人と違ってもいい。

アスピーガールにとって、ありのままの自分をさらけ出すというのはとても勇気がいることです。人に嫌われたくないという気持ちから、本当の姿を隠し、壁を作ってしまうこともあるでしょう。

私も恥ずかしい思いをしないように、自分が他の人と違うことを隠すように気を付けていました。しかし、自分が心の思うままに行動したとき、他の人と違っているのは明らかな事実なのです。

例えば、友人とクラブに行ったことがありました。みんなと同じように楽しそうに振舞っていましたが、私は全く楽しいとは思いませんでした。

私にとっては、パーティーで上品なドレスを着た大人達の輪の中にいるよりも、5歳になった友人の子どもたちとトランポリンをしている方が、はるかに楽しい時間なのです。

アスピーガールにとって、他の人と同じように振る舞うことも、ときには必要だと思います。しかし、それを続けていると疲れてしまうだけでなく、いつか自分を嫌いになってしまいます。

自分を恥じることは、自分自身を受け入れる妨げになるのです。自分を受け入れ、周囲の人に本当の自分を知ってもらうことで初めて、本当の意味で自分を愛してもらうことができるようになります。

アスペルガーは治るものではありません。**だからこそ自分の特性を受け入れた上で、どのように上手く生活していくかが重要になってきます。**

周囲に合わせるために自分を偽らないでください。社会の型に縛られる必要もありません。あなたはあなたのままでいいのです。

ルール5 人を信じてみる。

以前、友人が私に「人を信じるのはいいこと」だと言いました。私はそれを聞いて驚き、

「それは違う!」と反射的に思っていました。

これまで信じていた人に裏切られたり、傷つけられたりすることが度々あったとしたら、「誰も信じられない!」と思ってしまうのも当然ですよね。

たしかに、誰も信じないようにすることで、傷ついたり苦しい思いをしたりせずにすみます。しかし、そんなことをしているうちに、本当に信用できる人を見つけるチャンスを逃してしまうかもしれません。

あなたが相手を信用しなければ、親密な関係は築けないのです。

もちろん誰でも無条件に信じていいということではありませんが、一部の人に裏切られたからといって「人は信じない方がいい」と決めてしまうのは、残念なことです。

特に恋人同士というのは、お互いに相手を信用していなければなんの価値もありません。相手を信用しているからこそ、得られるものが多くあるのです。

ルール6 複数の人との関係を大切にする。

アスピーガールの興味・関心は、深く狭い傾向があります。

多くの人々が惹《ひ》かれるようなものにはあまり興味を示しませんが、自分たちが、「これ！」と思ったものに対しては、とことんはまり執着するのです。

興味の対象は、活動や物、出来事など人それぞれ。ちなみに、私はアイススケートや猫にはまっていて、自閉症の研究についてもとても興味があります。

以前、アスペルガーの友人がこんなことを言っていました。

「物に対しての執着は自由だけど、友人や恋人に対して執着するのはダメよ、リスクが大きすぎるから」

たしかにその通り。もし、あなたが夢中になった相手が悪い人だったら、弱みにつけこまれて嫌な思いをするかもしれません。相手がいい人だとしても、執着しすぎると、相手に「ノー」と言われる度に、深く傷ついてしまいます。

たいていの人は、時間をやりくりしながら、複数の人と適切に関わることを望んでいるのです。もし、あなたが一人の人とずっと一緒にいようとしたら、相手は息苦しく感じ、少しずつあなたを受け流すようになり、結果的に傷つくことになるでしょう。

誰にでもそれぞれの生活があるので、いつでも自分のために都合よく動いてくれる人なんていないのです。ですから、必要なときに頼れる友人のネットワークを作っておくことが大切です。そうすることで、誰かが都合が悪くても、別の人に頼ることができるのです。

ルール7 あなたはやればできる。

私は昔、自分のことをバカだと思っていました。

例えば、人にだまされたとき。「君は単純だね」と言われたとき。相手を怒らせてしまったとき。大切なことが上手く伝えられないとき。

失敗する度に落ち込み、私には何もできないと考えてしまっていたのです。

また、私は人間関係を築くのにも苦手意識がありました。人付き合いが苦手なのは、相手の考えていることを上手く理解できないからです。アスピーガールは自分勝手だと言われがちですが、意図的に相手を傷つけようとしているわけではないのです。

人間ですので、ときには自分勝手に振る舞うこともあるかもしれませんが、アスピーガールが一般の人より特別自分勝手ということはないと思っています。

たしかに、アスピーガールは、他の人と比べて苦労することも多いです。

しかし、それはあなたがバカだからでも自分勝手だからでもありません。苦手なことは誰にでもあるものです。そして、他の人にはできなくても、あなただけができることだって、たくさんあるのです。

新しいルールを身に付けるのは簡単なことではありません。枠内のルールを私は○○と何度も繰り返し声に出したり、紙に書いたりして、自分の中で消化することが大切です。

ルール1：私は完璧でなくていい。
ルール2：私は価値のある特別な存在だ。
ルール3：私は自分のペースで成長すればいい。
ルール4：私は人と違ってもいい。
ルール5：私は人を信じてみる。
ルール6：私は複数の人との関係を大切にする。
ルール7：私はやればできる。

2 サポーターとは？

アスピーガールのみなさんは、人付き合いや男性との関係の中で、困ったことも多いのではないでしょうか。

でも、安心してください。それは決して特別なことではありませんし、あなたが悪いわけでもありません。

アスペルガーであるかどうかに限らず、人付き合い、特に男性との付き合い方には誰もが多くの悩みを抱えているものなのです。

そんなとき、人は一人では困難を乗り越えられません。悩みを聞いて一緒に考えてくれる人の助けがあって、進んでいくことができるのです。

スポーツの世界でもサポーターが重要な役割を果たしているように、私たちにも困ったときに支えてくれる存在が必要です。**この本の中では、そんな信頼できる人たちのことを「サポーター」と呼ぶことにします。**

私たちアスピーガールにとって、サポーターは欠かせないものです。

私が自分自身を「みにくいアヒルの子」のように感じていたとき、私のサポーターたちは、私のことを「白鳥」だと言ってくれました。彼らが「あなたは絶対アヒルにはならないのだから」と言ったときはつい笑ってしまいましたが、彼らは確実に私のことを助けてくれたのです。

サポーターはこんなことも言ってくれました。「あなたがベストを尽くし、十分に成長したとしても、他の人のようにはなれない。それでもあなたという人間はとても美しい」

アスピーガールは道を踏み外しているわけではありません。モラルに欠けているわけでもありません。**他の人とは異なった発達のコースを辿《たど》っているだけなのです。**始まりも途中経過も異なり、他の人のコースとは重なりません。

だから、そもそも他の人たちと比べること自体、間違っているのです。

アスピーガールは人付き合いが苦手です。

他の人から拒絶されたり、誤解されたりすることが多く、それでいて批判されることに敏感なので、深く傷つくことが多いからです。

そんなことが続く中で、周囲との壁を作ってしまいがちです。この壁があることで守られる一方で、他の人との接触を避けることになり、信頼関係を築くために大切なスキルを学ぶ機会も遠ざかってしまいます。

だから、アスピーガールは「あなたは愛される価値のある人間だ」というような根本的なことを、改めて学ぶ必要があるのです。そしてそれを学ぶには、無条件に愛され、親切にされ、受け入れられることが必要なのです。

私にそれを教えてくれたのは、サポーターでした。

つらい経験の積み重ねで、できてしまった高い心の壁を、自分一人で壊すことはできません。強引に近づかれたら、さらにガードが固くなってしまうこともあるでしょう。**批判**

されたり、見返りを求められたりせずに、ただ受け入れられ、親切に接してもらえることが壁を壊す唯一の方法なのです。

私たちにできるのは、信頼できるサポーターを見つけること。そして、サポーターを信じる勇気を持ち、弱さを含めて自分という人間を正直にさらけ出せるようベストを尽くすことです。

アスペルガーでない人たちは、友人関係のコミュニティーの中で自然とサポーターを見つけているものです。その関係の中には暗黙のルールがちりばめられていて、様々なことを学んでいるのです。

アスピーガールがそのような関係を築くのは、難しいかもしれません。対人関係スキルが必要ですし、先を見越した行動も求められるからです。

しかし、コミュニティーの中には学ぶことも多く、新しい自分に出会うチャンスでもあるので、挑戦してみる価値はあると思います。

困ったことがあったとき、医師やカウンセラーなどの専門家に頼ることもできます。専門家はあなたをよく理解してくれるでしょうし、見返りを求められることもありません。しかし、どんなに優秀な専門家であっても、長くサポートをお願いするとなると、経済的な負担が大きくなってきます。

アスピーガールには、仕事であるからではなく、ただあなたを愛しているからという理由で相談に乗ってくれるサポーターを見つけてほしいと思っています。そして、**その人との関係の中で、自分が愛されるべき存在であるということを確信してほしいのです。**

とはいえ私自身も、いつでも上手くサポーターに相談できるわけではありません。例えば、彼氏の話などは、恥ずかしくて、話すのをためらってしまうこともあります。**しかし、サポーターに相談する中で、自分が男性に対して根本的に間違った見方をしていることに気付かされたのです。**

もし面と向かって相談するのが難しいならメールやＬＩＮＥなどのＳＮＳを使ったり、

紙に書いて渡すのもオススメです。**大切なのは信じて相談してみることです。方法は何だっていいのです。**

3 サポーターにふさわしい人とは？

私には親のような存在のサポーターが5人ほどいます。彼らは私の人生において最も重要な存在です。

私は大人とみなされる年齢ですが、精神的にはまだまだ幼い部分があります。ですから保護者のように接してくれる人が必要なのです。

私たちアスピーガールは生活において、様々なトラブルに見舞われます。ですから、サポーターとの関わりによって、安心できたり、ほっとできたりする瞬間があることが、大きな支えになるのです。

私は自分のサポーターについて、自分に正直で、誠実で、勇気があって、人と違うことを恐れないような人を求めています。

どのような人が合うかは人それぞれですが、大切なのはあなたが安心して頼れる人をサポーターに選ぶこと。安心できるというのはあなたが100%信頼でき、正直でいられるということです。

もちろん、あなた自身も努力する必要がありますが、基本的には、そのままのあなたを大切にしてくれる人が必要です。ここではサポーターとしてふさわしい人のポイントを紹介します。

ポイント1 あなたを理解しようと努力してくれる人。

アスピーガールにとって、人とコミュニケーションをとるには、かなりのエネルギーが必要です。勇気をふりしぼって何かを打ち明けたにも関わらず、共感を得られず、悲しい思いをしたことがある人も多いでしょう。

特に相手に伝えるのが難しいのは、アスペルガー特有の感覚過敏や運動面の問題です。誤解を生まないためには、アスペルガーの特性や問題について、すべて説明する必要があります。分かり合うにはお互いの努力が必要なのです。

そのため、サポーターにはあなたがアスペルガーであることを理解し、そのことについて知りたい、学びたいと思ってくれる人を選びましょう。

あなたを理解しようと、根気強く一緒に努力してくれる人の存在が、あなたを勇気づけてくれるでしょう。

ポイント2　自分自身が幸せでポジティブな人。

サポーターには、その人自身が幸せで心のバランスのとれた人を選びましょう。傷ついた人同士では、上手なサポートは成り立ちません。

人は傷ついているとき、他人を助けたいと思っていても、自己防衛機能が働き、無意識に邪魔をしてしまうことがあります。そんな状態では上手なサポートはできませんよね。

ですから、サポーター自身が安定していることが重要なのです。

ポイント3 アスペルガーの特性を理解しサポートできる人。

アスペルガールは思考、感情、感覚などを処理できる幅が狭く、自分自身の感情がよく分からないこともあります。

そのような特性を理解し、「今あなたは混乱していると思う。大きなストレスがあるみたいだから、小さなことで傷ついていてもおかしくないよ」というように先回りして教えてくれる人がいると心強いものです。

たとえあなたが横柄な態度をとってしまったとしても、アスペルガーの特性を理解した上で、優しく対応してくれる人がいいですね。

ポイント4 説明が上手く話を導くのが得意な人。

アスピーガールはコミュニケーションをとる上で、何が重要なのかをとらえるのが得意ではありません。些細《ささい》なことや、みんなが当然知っているようなことでも、一から丁寧に説明してもらわないと理解が難しい場合があるのです。

ですから、サポーターには物事を教えたり、説明したりすることが上手な人がふさわしいでしょう。

そういう人が相手ならば、これまで誰にも打ち明けられなかった大事なことを、上手に伝えられるかもしれません。

ポイント5　言葉づかいや態度が優しい人。

サポーターには言葉遣いや話し方、振る舞いなどすべてにおいて、優しい人を選びましょう。乱暴な言葉を投げかけられたり大きな声で話をされたりすることで、余計に混乱してしまうことがあるからです。

また、サポーターにお子さんがいるとしたら、それは大きな強みになります。子どもへの対応は、アスピーガールへの接し方に適用できることが多いからです。子どもにするようなシンプルな説明は、私たちアスピーガールにとっても分かりやすいものなのです。

ポイント6 批判的でない人。

サポーターには、批判的でない人が望ましいです。

アスピーガールの中には、これまで多くの人に批判され、拒絶され、傷ついてきた人も多いでしょう。相手は善意で注意しているのかもしれませんが、特性を理解してもらえず批判され続けると、意見をもらうことやアドバイスを受けること自体に敏感になってしまいます。

また、固定観念をあてはめて「あなたはアスペルガーだから」とか「あなたにはできない」と言う人と一緒にいるのはよくありません。頭ごなしに決めつけるのではなく、時間をかけて話を聞いてもらうことが大切なのです。

ポイント7 あなたを勇気づけてくれる人。

私はこれまでの経験から、人と違うことは悪いことだと思い込んでいました。人と違うということで、拒絶されたり、軽蔑されたり、排除されたりすることが多くあったからです。

私と一緒に笑うのではなく、私を見て笑う人が多くいました。道端で知らない人からバカにされたり、嘲笑されたりすることもありました。そして、人と違うということは安全でないということを学んだのです。

一方で、人と違うのは悪いことだと思ったままではいけないとも感じていました。**自分の特性を嫌いになりがちな私ですが、だからこそ、サポーターが「人と違ってもいい」「人と違うことはいいことだ」と教えてくれることが本当にありがたいのです。**

私のサポーターは、私のことを「大切で、特別で、彼らの人生における宝物のような存在だよ」と言ってくれます。

どんなときも、励まし褒めてくれるサポーターがいることで、心が癒されストレスを抱えにくくなるのです。

また、私はサポーターとの関わりの中で、アスペルガーの特性が人に感謝されることも知りました。

「一緒にいると楽しい」「子どもが好き」「勇気がある」「正直」……など。

どんなに小さなことでも、サポーターから自分の特性を言葉にして褒めてもらうことが、大きな自信につながります。

4 サポーターの見つけ方

自分にサポーターが見つけられるのだろうかと不安に思っている人もいるでしょう。たしかに、心から信頼できる人を見つけるのは簡単なことではありませんが、友達、家族、同僚など身近なところに、あなたを支えてくれる人は必ずいるはずです。

サポーターになってくれるかどうかは、その人に会ってみないと分かりません。ですから、ただ待つのではなく、自分から積極的に選ぶようにしてください。

とはいえ、私たちアスピーガールのことを直感的に理解してくれる人はなかなかいないものです。もし見つけたら、その人たちを大切にし、関係を築くようにしましょう。どこで出会ったかはあまり気にする必要はありません。

ここでは、サポーターに出会うためのアイデアをいくつか提案したいと思います。積極的に行動し、出会いが多ければ多いほど、あなたが求めているような素晴らしい人に出会える確率も高くなります。

アイデア1 サークルなどに参加して、同じ趣味の人と話してみる。

自分の趣味に合った部活やサークルなどのコミュニティーに参加してみましょう。定期的なミーティングがあるものも多いので、ルーティーンが決まっていると安心できるアスピーガールにとっては好都合です。ボランティア活動などは、社会的に有益なことに携われるので、自尊心も高まります。

アイデア2 知人の子どもと仲良くする。

アスピーガールには意識せずとも、子どもと仲良くできる人が多いです。

それがきっかけで、子どもの親であるあなたの知人が、あなたに対して親のように接し

てくれ、サポーターになってくれる可能性もあります。

アイデア3 自助グループに参加する。

自助グループに参加し、同じ困難を持つ友人を見つけるのもいいでしょう。

ただ、同じ困難があるからといって、誰でもサポーターに適しているわけではありません。

サポーターと友人は、分けて考えなければなりません。前提として、サポーターは、その人自身が安定している必要があります。そうでなければお互いに傷つき苦しむことになるかもしれないからです。

過去に拒絶されたことがあったとしても、どうか恐れずに、勇気を持って外に出てください。家の中でじっとしていてもサポーターを見つけることはできません。

アスペルガーを含めた自閉症スペクトラムの人の困り感を根本的に解決するカギは、支援サービスの場ではなく、コミュニティーにあると私は思っています。

コミュニティーに所属するということは、人とのつながりを持つことです。

人と交流したり関係を築いたりすることは簡単なことではありません。でも、挑戦してみることで問題を解決する糸口がつかめる可能性がありますし、自信につながる経験ができるかもしれません。

5 相手に好意を持ってもらう８つのポイント

サポーターにふさわしい人を見つけたときは、相手との信頼関係を築いていかなければいけません。これは、友人を作るときも同じです。

経験を積むことで自分なりのコツを見つけられると思いますが、まずは次のポイントを参考にしてみてください。

ポイント1 フレンドリーに接する。

できるだけフレンドリーでいるよう心がけましょう。そのために、普段から気持ちが安らぐ趣味やゆったりした時間を持ち、リラックスできるようにしましょう。

ポイント2 相手を笑わせるおもしろい話をしてみる。

アスペルガーの人たちは、漫画に出てくるような話のネタをたくさん持っているものです。私たちの話を聞くのが好きな人たちは、実は多いようです。ですから、自信を持っておしゃべりをしてみましょう。

このことに気付いてから、私は、そういう話のネタを用意しておくようにしています。

ポイント3 好意を相手に伝える。

好意は言葉にして相手に伝えるようにしましょう。好意を相手に伝えるとき、人と違うことをアピールに使うのもオススメです。他の人が言わないようなことを言ってみたり、人とは違う方法で相手への好意を示してみたりするといいでしょう。

ポイント4　相手を信じてみる。

相手を信じるのは人間関係を築く上で、とても大切なことです。怖いかもしれませんが、慎重に相手を選ぶことで、裏切られるリスクを減らすことができます。相手を信頼できるようになることが、「自分は愛されるべき存在である」と思えるきっかけになるのです。

ポイント5　ネガティブな発言は控える。

ネガティブな発言は攻撃性を帯びやすいものです。不用意に相手を傷つけないように、相手や状況を注意深く見極めて発言するようにしましょう。

ポイント6　励ましや労《ねぎら》いの言葉をかける。

人は誰でも励ましを必要としています。もちろん、誰でも上手にできるわけではありませんが、アスピーガールには語彙が豊富な人が多く、この手のことはわりと得意だったりするものです。

ポイント7 自分から積極的に人と関わるようにする。

いつでも周囲の人が、手を差し伸べてくれるとは限りません。苦手なのは分かりますが、先手を打って人と関わることも重要です。

ポイント8 心理学などの本を読む。

心理学やコミュニケーションに関する本を読み、他の人の考え方や必要としていることを知るのも大切です。アメリカの有名な心理カウンセラーである、ゲーリー・チャップマン氏の『愛を伝える5つの方法』（いのちのことば社）には、アスピーガールにも分かりやすいシンプルな好意の伝え方が整理されていてオススメです。

Column 1

親愛なるサポーターの皆さんへ

私はこれまで社会のルールや出来事を学ぼうと懸命に努力してきました。その感覚はアイススケートの練習に似ているかもしれません。つまり、片足で何千回も不安定なスピンを繰り返すようなものです。

あるとき、刃の先端を傾けてみることで少し体が安定することに気付きました。しかし、その気付きに至るまでには、何千回もの試行錯誤が必要で、多くの時間を要したのです。

社会というリンクでは、常に正しい言動をするように求められます。これまで見たことも経験したこともないことについて、適切に振る舞う必要があるのです。

普通の人は感覚的に分かることでも、私たちには理解できず、上手くできないことがあります。

とりあえずやってみたことが上手くいけば、それを繰り返しますが、これは直感とも違いますし、まして他の人の考えや気持ちを理解した上で、そうしているのとも違います。

どんな人も感情面のニーズに応えてくれる人に好意を持つものです。しかし、多くのアスピーガールは、相手が何を求めているのかを直感的に本能的に理解することができません。だから、私たちは一人ぼっちなのです。

「サポーターにふさわしい人とは?」にあてはまる人は、一般的に見ても、バランスのとれた優れた人だと思います。

特にアスピーガールにとっては、普通の人のそれとは比べものにならないくらい、とても貴重な存在です。

彼女たちは、どんなに感謝していても、どのように恩返しをしたらいいか分からないかもしれません。

サポーターの皆さんの気持ちを分かってあげられないかもしれません。

皆さんが、いかに彼女たちのことを思ってくれているかに気付くには、時間がかかるかもしれません。

私には、長い間とても親切にしてくれる親のような存在の人がいました。私はだんだんその人のために何かできることを嬉しく思うようになりました。

もちろんそれには長い時間がかかりましたし、相手に何かを返すことはとても怖いことで、最初はやり方も分かりませんでした。

しかし、自分が誰かの役に立つ存在になることができると知ったときの驚きと幸福感は、今でも忘れられません。

親愛なるサポーターの皆さん。

皆さんには何が必要か、どうしたら嬉しいのか、彼女たちに教えてあげてください。

今は上手く伝えられないかもしれませんが、アスピーガールはアスピーガールなりに、少しずつ皆さんに感謝の気持ちを返していけるようになりたいと思っています。

第2章

境界線と「ノー」と伝える大切さ

ここでいう「境界線」とは、「あなたとあなた以外を分けるライン」のこと。聞きなれない言葉だと思いますが、アスピーガールにとっては、この「境界線」を意識することがとても大切です。

「境界線」の内側にあるものは、あなただけのもの。他の人から求められたとしても、あなたが嫌ならば断る権利があるのです。難しいかもしれませんが、「ノー」と言うことは自分を守る大切なスキルなのです。

1 境界線の内側にあるあなただけのもの

境界線とは、「あなたとあなた以外を分けるライン」のことです。

一般の人は特に意識しなくても直観的に理解できるもののようです。**しかし、アスピーガールにとって境界線は非常に曖昧なもので、誰かに教えてもらったり、自分で学んだりして、理解を深める必要があります。**

私自身は本を読み、境界線に関するルールを学びました。そして、**このテーマについて学ぶ中で、境界線は自分の人生に大きく関わりがあることに気付きました。今まで人間関係のトラブルだと思っていたことが、実は境界線に関連した問題だったことが分かったのです。**

例えば、相手が私に不適切な行動をとったり、悪態をついたりしたとき、以前の私は何も言えずに、心の中で泣いていました。相手の言葉に傷ついたとしても、相手に伝えたり、自分を守ったりはせず、相手の行為を許してしまっていたのです。他にも、私はしたくもない相手とキスをしたことがありました。やらなくてもいい仕事を引き受け、ストレスを感じたこともありました。

これらは今考えると、すべて境界線に関連した問題だったのです。境界線について知ったことをきっかけに、私には「ノー」という選択肢があることを知り、考え方が変わりました。

まず、知ってほしいのは、あなたの境界線の内側にあるものは、あなただけのものだということ。それをどうするかは、あなただけが決められることで、他人にコントロールされるものではありません。

自分の境界線の内側にあるものについて、他の人から求められたとしても、それが嫌であれば、「やめて」と言って、自分の境界線を守る必要があります。

あなたを守れるのは、あなただけなのです。

自分を守るには、自分にはどんな権利や責任があるのかを知り、覚えておく必要があります。特に、境界線の内側に何があるのかを知っておくことが重要。次に示すのは境界線の内側にあるもののリストです。

1 肌や体

あなたの肌や体はあなただけのもの。誰かがあなたに触れるということは、あなたの境界線の中に入り込むということです。あなたに触れたり、キスをしたり、セックスをしようとする人に対して、あなたが嫌だと感じたときには、「やめて」と言っていいということです。

あなたの体に関してあなたには絶対的な権利があるのです。

これは他の人も同じなので、もし相手が触れるのを嫌がっているときは、相手の気持ちを尊重しなければいけません。

2 信念や思考

あなたが何を信じるのか、どのように考えるのかを決める権利はあなただけにあります。

同じように他の人の信念や思考について意見したり決めたりする権利は、あなたにはありません。

私は自分が大切にしている倫理観が、大好きな人と違うことに気付いたとき、動揺してしまいました。しかし、たとえ相手と意見が合わなくても問題はないのです。

誰かを愛しているからといって、すべてのことについて、その人と同じ考えを持つことは不可能です。相手があなたの意見に同調しないからといって、あなたを嫌っているとか、侮辱しているというわけではありません。

無理に意見を合わせようとして、自分の考えを押しつけることはすべきではありません。信念や思考を決める権利は、その人だけにあるのです。

3 行動

自分の身に起こる出来事を決めることはできませんが、どういう行動をとるかは自ら選択することができます。

例えば、意地悪をしたり、攻撃をしたりしてくる相手がいる場合、その人の行動を変えることはなかなかできません。

でも、その人から離れ同じ空間にいないようにすることはできます。**相手の行為を止めることができなくても、自分がどこまで向き合うのか、決めておくことはできますね。**

4 態度

人間ですので、いつも同じような態度でいられるとは限りません。

しかし、その時々でベストな対応ができるかどうかは、あなた次第。そのような態度をとった責任もあなただけにあるということも覚えておいてください。

もし、相手が好ましくない態度をとったことで、あなたが怒りを感じているとしても、その感情を持ったのは、あなたであり、それはあなたの問題なのです。

5 時間

自分の時間をどのように使うか決める権利は、その人だけにあります。

例えば、私は長電話をするのが好きですが、相手にとっては迷惑な場合もあります。そんなとき、友人は「10分だけならいいよ」と言ってくれるので、私はそれを尊重します。

不満を言ったり、もっと時間を取ってほしいと相手にお願いしたりすることは、相手を操作するようなもの。そのようなことをしないように気を付けましょう。

6 お金

あなたのお金はあなたのものです。時間と同じく、どのようにお金を使うか決める権利はあなたにあります。

つまり、他の人があなたのお金をほしいと迫ってきたとして、結果的にお金をあげてしまったのであれば、それはあなたの責任。自分の大切なものは自分で守らなければならないのです。

これらはすべて、あなただけがコントロールできるものです。

私の場合、自分が「やめてください」「できません」と言えずに、悪い状況に陥ってしまうことが多いです。**嫌なときには、「ノー」と伝えなければいけないこと。そして、「ノー」と伝えることは、決してわがままではないということを覚えておいてください。**

2 相手に「ノー」と言う方法

境界線を守る唯一の方法は「ノー」と言うことです。

自分のやりたいこと、そうでないこと、好きなこと、嫌いなこと。**勇気を出して自分の思いを相手に伝えることは、予想しているよりも、いい結果につながるものなのです。**

もし、次のページのリストに載っている「ノー」と伝える言葉を使うことに慣れていないようであれば、ロールプレイなどを通して練習してみてください。練習することで、実際にその場面に出くわしたとき、言うべき言葉がスムーズに出るようになります。

一見簡単そうですが、実際にやってみると難しいものも多いです。

★「いいえ」
★「嫌です」
★「それは不公平です」
★「賛成できません」
★「それは間違っています」
★「すみません、私にはできません」
★「私が出せる金額はこれだけです」
★「今日は残業できません」
★「私の家（部屋）には入らないでください」
★「そんな風に触らないでください」
★「手を離してください」
★「あなたとはセックスをしません」

実際のコミュニケーションでは、声の大きさや言い方を、状況に応じて使い分けることが重要です。すべての状況に共通するのは、毅然《きぜん》とした態度で相手に聞こえる声ではっき

りと伝えるのが大切だということです。

例えば、上司に対して「私はこの仕事はできない」と伝えるときには礼儀正しく、それでいて毅然とした態度で伝えた方がいいでしょう。

大声で叫んだり、ささやき声で言ったりするのはよくありません。

反対に、相手が攻撃的な態度をとった場合には、大声を出す必要があります。

例えば、あなたが同意をしていないのに、相手があなたに触れてきた場合には、「手を離して！」と大きな声で力強く言わなければいけません。

男性とのお付き合いの場面で、**「ノー」と言わないと、利用されやすく、危険な目に合う確率が高くなってしまいます。**「ノー」と言わないということは、男性からしてみたら「イエス」と言っているのと同じで自分の思い通りにできると思われてしまいます。

仕事の場面でも「ノー」と伝えるのは大切です。

私はお金を管理する業務を頼まれたとき、どうしても難しいと思い、勇気を出して断りました。最初は誤解もありましたが、今では同僚の同意を得られ、私の仕事からお金の管理はなくなり、仕事のストレスが減りました。

「ノー」と伝えることで、自分自身を守れることを知っていれば、ストレスや不安を大幅に減らすことができます。

現時点で持ち合わせているスキルに関わらず、適切なタイミングで相手に「ノー」と言うことができれば、誰にでも自分自身の境界線を守ることができるのです。

とはいえ、簡単に「ノー」と言える相手とそうでない相手がいるでしょう。私の場合、上司に対してよりも、サポーターに対しての方が気が楽です。

また同様に、言いやすいシチュエーションとそうでないシチュエーションがあるでしょう。私の場合、キスをしたくないと思ったときは、なかなか言いづらいですが、映画館で見たくない映画をすすめられたときは、わりと簡単に「ノー」と言うことができます。

私は、やりたくないことに対して「ノー」と言わないのは、ウソをつくことと同じ、と思うようにしています。

私はウソが嫌いです。「ノー」と言いづらい場面に出くわした際に、こう考えることで、踏ん切りがつきやすくなりました。

私の友人は、とてもよい方法を取り入れています。**彼女は、「ノー」と言う時は「でも」を付けて話すようにしているそうです。**

例えば、「今は時間がないの。でも夜なら大丈夫よ」というように、「○○はだめ。でも××はいいよ」と言うようにしているのです。

彼女の言い方を見ていて「ノー」の後に「でも」をつけると、全体がとてもやわらかい表現になることに気付きました。あなたも少し慣れてきた頃に、このテクニックを使ってみるとよいでしょう。

ただ、この方法について一つ注意したいのは、「ノー」と言う代わりに、絶対に何かをしなければいけないということではないということです。「ノー」と伝えたいだけの場合は、単純に「ノー」と言えばいいのです。

まずは、自分が言いやすいシチュエーションにおいて、また、安心して伝えることができる相手に対して始めてみてください。それができたら、少しずつステップアップ。少しでも苦手だと思う人は、練習を積み、自分の安全を守れるようになってください。

Column 2

なぜあなたは「ノー」と言えないのか？①

「ノー」と言うのが難しいのは、相手の反応が怖いからなんだと思います。私は普段から、相手が私に対して怒ったり感情的になったりするのではないかと怯《おび》えています。

人と衝突したり、争ったりするのが怖いのです。

実際、「ノー」と言えば、相手は怒るかもしれません。**ですが、よく考えてみてください。相手が境界線を越えて侵入し、求めてきたことについて、あなたが断ったとして、相手が怒るのは、理不尽ではありませんか？**

「ノー」と言うことで起こる衝突を恐れていると、自分が望まない結果になってしまう可能性があります。

相手に利用されて悲しい思いをして、いつかは自分自身のことをコントロールすることができなくなることもあるでしょう。

私は誰かが自分に対して感情的になったとき、自分自身のせいにしがちです。**でも、実際はそうではなく、彼らは彼ら自身の問題に対して取り乱しているのです。**

このことは、アスピーガールにとって、区別が難しいものです。社会的な場面において、何が正しくて何が間違っているかの判断をすることが苦手だからです。

もし分からないことがあれば、「相手の怒りは私に向けられているものなのか?」「それは正当なものか?」をサポーターに聞いてみるとよいでしょう。

第3章

よい恋愛をするための心構え

自分自身を守るために「ノー」と言うことが大切であるように、相手から「ノー」と言われることについても、受け入れ、尊重することはとても重要です。

お互いが、お互いの境界線の内側にあるものを大切にすることで、初めて良好な関係を築くことができるのです。

この章では、あなたが愛する人と豊かな関係を築いていくために重要な心構えについて、お話したいと思います。

1 相手の境界線を尊重する

相手の境界線を尊重するということは、「ノー」と言われても、相手の意見を受け入れるということです。誰かに何かをお願いしたいときは、「ノー」と言われると、とてもがっかりしますね。

それでも、嫌な反応をしたり、相手の意見を変えようと企《たくら》んだりせず、微笑《ほほえ》んで「大丈夫だよ」と言うことが相手を尊重するということ。

恋人や好きな人に「ノー」と言われたとき、攻撃的になったり、復讐《ふくしゅう》の方法を考えたりするのは間違った反応です。

また、罪悪感を持たせることで相手の意見を変えさせようとするのも、相手の境界線を無視している行動だと言えます。

私自身は、自分の精神状態の安定のために他の人を巻き込みがちな傾向があります。つらい気持ちを自分で抱えきれないとき、他の人に責任を負わせたり、なすりつけたりしていました。

これが相手の境界線を侵害する行為だと知ったときには、とても驚きました。

どんなにつらくても、自分の精神状態は自分自身の境界線の内側にあるものなので、自分の責任。

相手が誰であっても、自分にはどうにもできないからという理由で、その人になんとかしてもらうことはできないのです。

また、過去に相手が親切にしてくれたから、助けてくれたからといって、今後もあなたが助けを必要としたときに、必ず応じてくれる保障はないということも覚えておいてください。

よく考えると当然のことですが、私はこれまで相手が私を愛しているのであれば、何でも受け入れてくれる。私が必要としたときには、いつでも助けてくれると思っていました。相手にはその義務があると考えていたのです。

そして、もし相手が「ノー」と言ったとしたら、それは私のことを愛していない、もしくは私のもとから去ろうとしているからだという間違った認識をしていました。

しかし、たとえ私のことを愛していたとしても、彼らは「ノー」と言うことがあるのです。そして、私も彼らを愛しているのであれば、そのことを尊重しなければならないことに気付いたのです。

愛する人との境界線を守り、豊かな関係を築いていくために、次のことをよく覚えておきましょう。

★あなたが相手を愛しているからといって、相手の望むことをしなければならないという義務はない。

★私が望むことを相手がしないからといって、私のことを愛していないというわけではない。

信頼している人、愛している人に「ノー」と言われるのは、悲しいことだと思います。それでも、相手が「イエス」と言うときだけよい態度をとるのは、とても偏った愛情表現だということを覚えておきましょう。

もしあなたが相手を愛しているのであれば、相手からの「ノー」も、「イエス」と同じくらい尊重しなければなりません。
「ノー」を受け入れるということは、相手のすべてを受け入れ、相手の安全を守るということなのです。

2 なぜ過度な依存は悪いのか？

自分ではあまり認めたくないことなのですが、私はサポーターに依存してしまう傾向があります。彼らは、私の世界をよく理解してくれており、私の難しい感情の波にも付き合い、落ち着かせてくれます。ですから、つい頼り過ぎてしまうのです。

もちろん、彼らに頼り過ぎてしまうのは、間違っていますし、罪悪感もあります。しかし一方で、自分で解決しようとするよりも、彼らに助けてもらう方がいいと思っている自分もいます。

なぜなら、彼らに助けてもらった方が問題が早く解決し、効率的だからです。また、助けてもらうことで、自分は愛されている、理解されている、守られていると感じることもできるのです。

これ自体はいいことですよね。**ではなぜ頼り過ぎてはいけないのでしょうか？　実はそれにはたくさんの理由があるのです。**

★相手に不当なプレッシャーを与えてしまう。
★過度に依存することは相手の境界線の侵害にあたる。
★依存は子どもがするものであって、大人がするものではない。
★依存された相手は息苦しく感じる。
★自分自身で解決しようとしなくなる。
★依存された相手は多大なエネルギーを費やすことになる。
★依存された相手は居心地が悪くなり、あなたと距離を置きたくなる可能性がある。
★「ノー」と言われたときのダメージが大きくなる。
★相手を失ったときの悲しみ、喪失感が計り知れない。
★依存し過ぎると相手に「ノー」と言いづらくなる。「ノー」と言えない相手と一緒にいるのは安全ではない。

アスピーガールは、白黒はっきりしないことに対して、上手く対処できません。**そんな私たちにとって、「誰かに頼ること（依存）」は、限りなくグレーに近い、悩ましい問題なのです。**

なぜなら、ある程度の範囲であれば、依存も悪いことではないからです。依存の度合いを0〜100で表したときに、50くらいの位置にいるのがいいのでしょうが、その判断はとても難しいです。

ですから、あなたなりの丁度いい位置（ある程度は人に頼りつつも過度になり過ぎない）を探してほしいと思っています。

具体的には、どうしたらいいのでしょうか。私の場合、相手に「ノー」と言われたときに、自分がどの程度傷つくかで、依存度を測るようにしています。

ある程度の痛みがあるのは普通ですが、もし極端に傷ついたのであれば、相手に依存し過ぎているのかもしれないと思うことにしているのです。

他人からの無条件の愛を求めるということは、自分の空白を他の人から与えられるもので埋めようとしているということです。それは穴のあいたバケツを埋めるようなもので、満たされることはありません。愛情が与えられても、もっともっと欲しくなりキリがないのです。

最終的には人に頼るのではなく、自分自身を愛し、誰かに依存しなくとも、自分の安全や幸福を守れるようになってください。

そして、自分の本当の気持ちを知り、有意義な人生を送ってほしいと願っています。

Column 3

なぜあなたは「ノー」と言えないのか？②

アスピーガールには特に、「ノー」と伝えるのが苦手な人が多いような気がします。子どもの頃から、受け入れられず、拒絶されることを他の人よりも多く経験しているからです。

人から好かれるために、また攻撃されないようにするために、相手の望みを何でも受け入れようとしてしまうのだと思います。これは生きる上では重要なことでもあります。

私は子どもの頃、学校では確実にヒエラルキーの底辺にいました。自分よりも他の人の気持ちの方が大切にされるべきだと思っていましたし、実際、私の意見が認められるのは相手も同じ意見のときだけでした。

そして、人が不快な思いをしないような行動をとることが根深い習慣になってしまっていたのです。

アスピーガールが、「ノー」と言えない理由として、自分たちは他の人たちに比べて常識がない、社会的知識が欠けていると思っていることも挙げられます。

求められることと異なる行動をしてしまう経験の連続で、自分たちの判断を信用することができなくなってしまっているのです。

しかし、それは間違った認識です。

私は「本当はやりたくないけど、これが一般的だからやらなければいけない」と考えがちでした。

でも実際は、私にはいくつもの選択肢がありますし、自分の気持ちを大切にしていいはずなのです。

自分の思いをないがしろにして社会の期待に沿うことで、自分自身を愛せなくなってしまうのは無意味で悲しいことです。

「ノー」と言うことが簡単にできる人もいれば、私のようにとても苦手な人もいます。「ノー」と言うのが簡単にできるかどうかは、やはり幼少期の経験に大きく左右されると思います。

子どもの頃に「ノー」と言ったことが受け入れられ、愛情を失うことなく安全を守ることができた人は、大人になっても、きちんと「ノー」と伝えることができるでしょう。

一方で、私と同じように、不幸にも「ノー」と言うことが悪いことであると学んでしまう場合もあります。

「ノー」と言うことで、怒鳴られたり、無視されたり、愛情を注がれなくなってしまった人もいるのです。

もし、あなたが子どもの頃に安心して「ノー」と言うことができなかったとしても、大人になった今ではその頃と状況が違うということを忘れないでください。

もしかしたら、子どもの頃に作ったルール（私でいうと「人をいつでも喜ばせなければならない」）を今でも守り、そのことで安心感を得ているのかもしれません。

しかし、そのルール自体が実はあなた自身を傷つけ、自分自身を愛しづらくさせているとも考えられます。

覚えておいてください。

そのルールはあなたが自分で作ったものなので、あなた自身でいつでも変更することができるのです。

「ノー」と言うことをスキルとして学び、自分自身の選択を尊重すると決めることができるのも、あなた自身なのです。

第2部

男性との
お付き合いを考える

第1章

彼氏とはどういうものなのか？

彼氏とは、どういう人を指すのでしょうか？

デートをする人？ 付き合う約束をした人？ あなたのことを好きだと言ってくれた人？ どの定義も間違っているとは言えません。

しかし難しいのが、あなたのことを好きだと言ってくれたからといって、誰もが彼氏にふさわしいとは限りません。

あなたがいい人だと思っても、絶対に彼氏にしてはいけない人もいるのです。また、彼氏だからといって何でも許されるわけではないということも知っておいてください。

1 彼氏の定義

私はこれまでずっと、デートをする相手が彼氏だと思っていました。しかし、実際には何度デートを重ねても気持ちが近づかないこともあるのです。

以前の私は、彼氏に対して本心を見せることができませんでした。自分がアスペルガーであることに気付いていなかったこともあり、相手に何を隠しているのか、またなぜ隠す必要があるのか、自分自身でもよく分かっていませんでした。

しかし、相手に遠慮して無理をしていたことは確かです。

例えば、キスについて。

私は自分の口の中に他の人の舌が入る感触が嫌で、ディープキスが苦手です。しかし、キスは彼女の役割の一つだから「ノー」と言ってはいけないし、みんなが当然のようにしているのだから自分もすべきだという思い込みがありました。

境界線についてよく理解しておらず、相手に「ノー」と言うことはいけないことだと思い、本当の気持ちを隠していました。そのときは、時間が解決してくれると思っていましたが、そういうものではありませんよね。

キスを楽しめない自分は変なのではないかと怖くなることもありました。そして、自分の気持ちに反した行動をすることで、相手にウソをついているような罪悪感があったのです。

こんな風に色々悩みましたが、現在では考え方が変わり、彼氏というのは、本当の私を知り、好きでいてくれる相手のことを指すと気付いたのです。彼氏とは、ただデートをする相手ではなく、情緒的なつながりをもった親密な相手のことを指します。

2 絶対に彼氏にしてはいけない人

彼氏というのは、情緒的なつながりを持った親密な相手です。

相手がいかにあなたに親切にしてくれて、好意を示してくれているように思えても、次に挙げる人は、絶対に彼氏にする対象ではないことを覚えておいてください。

★家族や親戚。（父親、義父、叔父、祖父、兄弟など）

★仕事であなたに関わっている人。（教師、医師、カウンセラー、警察官など）

★あなたよりもずっと年上の人。（もし、あなたが14歳だとして、40歳の男性を彼氏に選ぶのはよい選択とは言えません。私ならその男性を疑います）

ここに挙げたのは一部であり、すべてを網羅しているとは言えませんが、このリストを覚えておくことは大切です。

もし、このリストにあてはまる人が、あなたと付き合いたいと言ってきたとしても、簡単に信じない方が賢明です。相手が悪い人であれば、あなたにウソをついたり、欺いたりするかもしれないので、サポーターに相談してみましょう。

また、相手がセックスをしようと求めてきたり、あなたの胸や内腿を触ったり、下着の中に手を入れたりしてきたら、それはとても大きな問題です。**あなたが同意していたとしても、彼らのやっていることは、絶対に許されないことです。場合によっては性的虐待の可能性もありますので、なるべく早く助けを求めてください。**ちなみに、ここで言う「触る」というのは、誤って触れることではなく、さすったり意図的に触れたりすることを指しています。

もし、これまでにこのような目にあっていたとしたら、もしくは今まさに起きているとしたら、とても気の毒です。

万が一、家族の誰かからそんなことをされているのであれば、家族ではなくサポーターに伝えるようにしてください。「誰にも言うな」と約束させられたとしても、相談してください。そんな約束は悪いものなので破っても大丈夫です。

しかし、実際には、被害にあったとしても相談することを嫌がる女性も多いです。怖い、恥ずかしいと思ったり、自分にダメなところがあったと感じて罪悪感を抱いたりしてしまうからです。

たしかに、その気持ちもよく分かります。

でも、あなたの身に起きたことは決してあなたのせいではありません。誰もあなたを怒らないし、非難することもありません。

誰かに相談して、はじめて事態を食い止めることができるのです。

ですから、恥ずかしさに屈しないでください。あなたが相談しない限り、同じ状況が続くかもしれませんし、あなたの精神的、身体的な傷も大きくなってしまいます。

あなたが誰にも相談しないということは、見方を変えると、あなたを危険な目にあわせている相手を守ることにもなります。そうなると、他の人も同じような目にあわせてしまうかもしれないのです。

3

彼氏にしない方がいい人

誰がいい人なのか、どんな相手なら信頼してもいいのか、具体的に説明するのはとても難しいです。特にアスピーガールにとっては、人の性格を見分けることは難しいことだと思います。

実際私は、自分が思っている以上に相手の本性を見分けるのが苦手です。はじめのうちは素敵に思えた相手が、だんだんと嫌なことをしてくることも多くありました。

もちろん、世の中は悪い人ばかりではなく、親切な人の方が多いと思いますが、私たちのような弱い立場の人を利用しようとする人も、少なからずいるのです。

男性と付き合う上でも、相手があなたを利用したり、傷つけたりしないかどうかは重要なポイントです。ここでは、彼氏として好ましくない人を挙げていきます。

次に示すものに一つでもあてはまる相手であれば、その人とは別れる必要があるかもしれません。サポーターに彼との関係を相談してみてください。

パターン1　暴力を振るったり、脅したりする人。

相手が暴力を振るうのなら、すぐに関係を断ち切るべきです。彼を好きだから、愛しているからなんて関係ありません。それは完全なＤＶ（ドメスティック・バイオレンス）です。

あなたが誰かに助けを求め、相手と関係を断ち切らない限り暴力は続き、命の危険にさらされる可能性もあります。

助けを求めるには誰かに相談するしかありません。まずはサポーターに相談しましょう。

彼らはあなたが警察に行くべきかどうかを含め、一緒に考えてくれると思います。女性用のシェルターに入るという選択肢もありますので、迷わず逃げてください。

パターン2　あなたにウソをつく人。

相手の言っていることがコロコロ変わり、話のつじつまが合わないようであれば注意してください。あなたが質問したときに相手が上手く説明できなかったとしたら、ウソをついている可能性があります。

アスピーガールはウソを見抜くのが苦手なので、信頼できるサポーターに相談してみてください。

パターン3　あなたの物を盗んだり、お金のために利用したりする人。

あなたの物を盗んだり、あなたからお金を借りたりしようとする人は、あなたをお金のために利用しようとしている可能性があります。

外出したときに、あなたばかりにいつもお金を払わせようとする人も同じです。

パターン4 セックスや性行為を強要する人。

セックスをすることばかり考えている人もよくありません。あなたの性格に惹かれているわけではなく、体目的かもしれないからです。

セックスは彼女の役割の一つだから断ってはいけない、他の人が当然のようにしていることだから自分もすべきだという思い込みは間違いです。

気が進まないのなら「ノー」ときちんと伝え、性行為を強要してくる人には、会わないようにしてください。

パターン5 既婚者や他に恋人がいる人。

関係しているすべての人を不幸にする行為です。もしあなたが、相手がいる人と付き合っているのであれば、すぐに関係を断ち切ってください。

そんな男性といるくらいなら、一人でいる方がずっとマシです。あなたはもっと価値がある存在なのですから。

パターン6　悪意を持ってあなたをバカにする人。

ここで言いたいのは、悪意を持ってあなたをバカにする人ということです。あなたが相手の言ったことを、誤解して受け取った場合は除きます。

冗談かどうか判断が難しいこともあるかもしれません。一回だけのことであれば、誤解である可能性もありますが、デブ、ブス、バカなどと繰り返しあなたを傷つけるようなことを言う男性は、冗談であってもいい相手ではありません。

相手があなたに意地悪なことを言うのには、理由があるのでしょう。

彼自身が不安定で、あなたを貶《おとし》めることで安定を得ているのかもしれません。あなたをバカにして笑いを取ることで、周囲の人気を得ようとしているのかもしれません。

しかし、どんな理由があったとしても、あなたのことを傷つけるような行為は許される

ものではないのです。

「あんなの冗談だよ」「本心ではないよ」と言ったとしても、どう受け止めるのか決める権利はあなたにあるのです。

相手を信用していいのか判断が難しいときは、自分だけで考え込まず、「彼のこと、どんな人だと思う？」とサポーターに聞いてみてください。

彼らはアドバイスをしてくれると思いますし、あなたが悪い相手と付き合い、嫌な思いをしないように助けてくれるはずです。

4 彼氏以外に許してはいけない行為

次に挙げることは、彼氏でない人とはしてはいけないことです。

★ディープキス。
★あなたの胸や太ももを触ること。
★あなたの下着を取ろうとすること。
★あなたの下半身を触ったり、舌をはわせたりすること。
★自分の下半身を押し当てたりすること（服を着ていてもダメ）。
★あなたに自分の裸を見せようとすること。
★セックスをしようとすること。

たとえ信頼している相手であっても、また信頼している相手だからこそ、性的な関係を持つと混乱してしまいます。

彼らに限ってそんなことはないと思うかもしれませんが、実際はよく起こってしまうことなのです。

もし、今挙げたようなことを平気で許してしまっているとしたら、それは境界線について考えられていないということになります。

一見、許してしまいそうな行為にも気を付けてください。例えば、「マッサージをしてあげる」と言われたら、少し体を触られても気にならないかもしれませんが、油断は禁物です。

自分に何が起きているのかを常に考え、人との距離感はどのくらいなら安全か、触れられてもいい部分はどこか、ダメな部分はどこかなどを具体的に考えることが大事です。

5 彼氏にも許してはいけない行為

ここでは、相手が誰であっても許されない行為について示したいと思います。

★あなたの意思を無視して部屋に閉じ込める。
★性行為中に暴力をふるう。
★服を脱ぐよう強いる。
★裸でいることを強いる。
★無理やり胸や下半身を触る。
★卑猥《ひわい》な映像や写真を見ることを強いる。
★許可なく下着姿もしくは裸の写真を撮る。
★許可なくセックス中の様子を撮影する。

★相手の体を触るように命令する。
★一緒にお風呂に入ったり、シャワーを浴びたりすることを強いる。
★セックスを強いる。

当然のことですが、あなた自身も他の誰かにこのようなことをしてはいけません。**性行為は、相手に強いられたり、強制されたりするものではありません。あなたが本当にしたいと思ったときにするべきです。**

つまり、セックスをしようとあなたを脅迫するようなことは許される行為ではないということです。「もし君がセックスさせてくれないんだったら、他の人とするかもしれないよ」と言う男性がいても、言いなりになってはいけません。

あなたがセックスに応じないからといって、あなたを傷つけていいというわけではないのです。

ちなみに繰り返し言っている「許されない」というのは、「起こらない」という意味ではありません。
もし、すでにこのようなことが起こっていたとしても、どうか自分を責めないようにしてください。間違っているのは、そういうことをする相手であり、あなたのせいではありません。

そうは言っても、アスピーガールはこれまで他の人から色々なことを言われているせいで、周囲の人がいつでも自分よりも正しいように思いがち。そのせいで必要以上に期待に応えようと頑張ってしまう部分がありますよね。

しかし、世の中には悪い人もいて、あなたにウソをついて、セックスを強いるような人もいるのです。このことをよく覚えておいて、相手のウソに騙《だま》されないようにしてください。

難しいのが、相手があなたに何も言わず触ってきたり、セックスをしようとしたりしてくる場合。

そんなときでも混乱せず、落ち着いて対応できるように、事前に知識を得ておくことが重要なのです。

第2章

セックスに関して誤解しやすいこと

誰かを傷つけたり、傷つけられたりする行為はどう考えても悪いことですよね。しかし、セックスは気持ちよくなったり、快感を得たり……。「傷つけられている」という感覚を持ちづらいかもしれません。

そのため、私たちアスピーガールは「不用意にセックスをしてはいけない」と言われても、その理由が分からず、混乱してしまいます。

この章では、なぜそれがいけないことなのかを説明していきます。 少し伝えづらい内容も含みますが、アスピーガールの皆さんには真実を知ってもらいたいと思っています。

1 なぜ彼氏以外とセックスをしてはいけないのか？

私は、なぜ彼氏や夫以外の人とセックスしてはいけないのか、よく分かっていませんでした。なぜなら、私が物事を判断する基準は、自分が誰かを傷つけるかどうか、または、相手に傷つけられるかどうかということです。

しかし、セックスに関して言えば、傷つけられるどころか気持ちがよくなり、快感を得られるなど、私の判断基準からすると、悪いことにはならないのです。ですから、なぜ家族や先生とセックスをしてはいけないのか。なぜ会ったばかりのよく知らない人とセックスをすることが悪いとされているのかが、理解できずにいました。

同じように感じているアスピーガールにこの理由を知ってもらうために、まずは性的快感がどういうもので、それがあなたにどのような影響を与えるのかを説明することから始めたいと思います。

性的快感とは、性行為によって気持ちがいいと感じたり、オーガズムに達したりすることを指します。

具体的に説明すると、胸や性器にはたくさんの神経が通っていて、これらの部位に触れられると心地良く感じ、快感を得るのです。これを性的快感といいます。

性的快感を求めるのは自然なことで、適切なシチュエーションにおいての性行為は肉体的な満足感だけでなく、精神的な安定を得ることもできる素晴らしいものです。しかし、性的快感自体がいいものだったとしても、どんな場合においてもいいとは言い切れません。悪い例として次のようなケースが挙げられます。

①13歳の男の子が7歳の女の子の性器を触る。
②40歳の男性が10代の女の子とセックスをする。

③大人が子どもに対して性的な行為をする。
④望まない相手とセックスをする。
⑤自分を愛しているか分からない人、自分が愛していない人とセックスをする。

①~③の3つのケースは、年齢や発達レベルが異なるという意味でよくないと言えます。たとえ合意であっても、力のバランスも合っておらず、安全ではありません。性的虐待ともとらえられます。

④のケースは、相手に脅迫されたり、強要されたりして、したくもないことをさせられたのだとしたら、やはりそれは問題です。ですから、これらのケースにおける性的快感はいいものとは言えません。

一番難しいのが、⑤のケース。これも、やはり望ましい行為ではありません。

では、どうして自分を愛しているか分からない人、自分が愛していない人とセックスをしてはいけないのでしょうか?

セックスというのは、体の中で最も敏感で繊細な部分を他人にさらす行為であるため、傷つくリスクも高くなります。**あなたの大切な部分に触れている相手は、ある意味あなたの心と体をコントロールしている状態にあるのです。そのくらい大きな意味があることなので、相手を慎重に選ぶ必要があります。**

相手のことを愛していない場合、また愛していたとしても気持ちの準備が整っていない場合、とても怖い思いをするかもしれません。

性的快感は脳や感情に影響を与えます。

人間の脳というのは、感情（考え）と感覚（体験）をつなげる作業を無意識に行っているものです。望ましくない相手と関係を持つことによって、脳の中でその嫌な体験が、本来いいものであるはずの性的快感と結びつけられてしまう可能性があるのです。

もしそんなことになったら、愛し合っている相手との安定した関係の中で行われるセックスが、過去の嫌な体験を思い出す引き金になってしまうかもしれません。

2 性的虐待に潜む性的快感という落とし穴

前述のとおり、彼氏以外の人とセックスをすることは望ましいことではありません。しかし、実は私自身、過去に彼氏ではない相手とセックスをしてしまった経験があります。今思い出しても賢い判断とは言えませんが、同意したのは私ですし、それは決して虐待ではありませんでした。

過ちは誰にでもあるものです。大切なのは繰り返さないこと。

だから、あなたに同じような経験があったとしても、自分をだらしない、不潔だなどと責める必要は全くないのです。

一方で、どんな状況でも決して許されない行為、それは性的虐待です。

性的虐待は、性的快感と結びつくことで、状況を難しくしてしまう可能性があります。

私たちの体は刺激によって自動的に反応する仕組みになっています。膝の下あたりを叩くと足が上がるのと同じように、体の敏感な部分に触れられると、意思とは関係なく体が反応するものなのです。

つまり、性的虐待を受けているような状況であったとしても、オーガズムや性的快感を得ることはあるということです。たとえ、あなたが望んでいない状況で無理やり触られたとしても。

相手は、あなたが快感を得ていたことを根拠に、「あなたも求めていた」と主張するかもしれません。相手がそんなことを言わなかったとしても、自分自身の感覚に混乱するかもしれません。

性的虐待というのは、被害者に気持ちの「葛藤」を引き起こさせるものです。快感、欲求、恐怖、痛み、自己嫌悪、罪悪感、恥ずかしさ。様々な感情が入り交り、自分の気持ちが分からなくなってしまいます。

実際、性的虐待を行う側は、このことも分かった上で、被害者の気持ちの葛藤を利用し、つけ入るのです。

結果、被害者は罪悪感や羞恥心に襲われ、自分に責任を感じて誰にも相談できなくなります。それによって、相手をさらにコントロールし、言いなりにさせるのです。

被害者が幼い子どもの場合、状況はさらに悪化しやすくなります。

なぜなら、子どもの脳はまだ形成途中で未成熟であるため、コントロールされやすく、たとえ間違ったことであったとしてもインプットされやすいのです。

幼い子どもは、準備ができていませんし、大人が子どもとセックスをすることはどのような場合であっても、許されることではありません。

しかし、実際にはそういった子どもたちにつけ入り、性的虐待をする大人がいるのも事実です。性的虐待というのは、性的快感を利用して他人を操作する最低なことなのです。

アスピーガールにも、子どもと同様に注意が必要です。なぜなら、アスピーガールには、精神的に幼く純粋で、性行為をするための準備が整っていない人が多いからです。アスピーガールの場合、実年齢はあまりあてになりません。

自分の意思に反して性行為を強いられたとはいえ、結果的に快感を得たとしたら、「自分はもしかしたら楽しんでいたのかもしれない」と思い込んでしまうこともあるでしょう。さらに、「また同じことをしたい」と思うこともあるかもしれませんが、これもあなたのせいではありません。

私たちの脳は快楽を求めるようプログラムされていて、一度得た感覚を何度も味わおうとするのはとても自然なことなのです。**そういう風に考えるよう、相手に操作されているだけ。性的虐待は身体だけでなく、精神にもダメージを与えるものなのです。**

3 合意のないセックスから身を守る方法

性的虐待には、彼氏や夫ではないものの、社会的な関係がある友人や知人との合意のないセックス、いわゆるデートレイプも含まれます。

性的虐待にあう可能性を減らすためにはどうしたらいいのでしょう。

まず、性的虐待をする人というのは、あまり物事を知らなそうで、周囲から孤立している、寂しそうな女性をターゲットにします。そういう人たちに近づき、気持ちにつけ入り、相手に自分は特別な存在だと感じさせることで、関係を築くのです。

10代の頃の私は、まさにこういうタイプの女の子でした。そのときは気が付きませんでしたが、今考えると、相手はまさにこの通りのやり方で、私に近づいてきました。

その結果、私は、自分の弱い部分につけ込まれ、好きでもない相手と関係を持ってしまったのです。私はこの出来事を後悔しています。だからこそあなた方には知識を付け、自分を守れるようになってほしいと思っています。

まずは、サポーターを作ることで、孤立しないようにすることから始めましょう。あなたを愛し、あなたの味方になってくれる人がいれば、悪い人の言葉に惑わされにくくなるはずです。

性的虐待にあう可能性を減らすために、具体的に次のようなことに気を付けましょう。

★「マッサージしようか?」と言われたら「ノー」と言う。
★あなたの足や胸、下半身を触ろうとしたら「ノー」と言う。
★「ベッドで一緒に寝よう」と言われたら絶対に「ノー」と言う。

あなたの意思を確認せずに、相手がこのようなことをしてきた場合は迷わず逃げてください。

次に、相手が彼氏の場合。

当然のことですが、相手が彼氏であっても、あなたの体に触れていいかを決められるのはあなただけです。あなたにはそんなつもりでなくても、彼氏がセックスを求めてくることもあるでしょう。次のようなときは、２人でよく話し合う必要があります。

★キスをした後、彼があなたに「ちょっとどこかで休もうか?」と尋ねたとしたら、遠回しにセックスをしようと誘っています。あなたがそうしたくないときには「ノー」と言うようにしましょう。

★彼があなたに「うちでコーヒーでも飲んでいかない?」と尋ねたとしたら、コーヒーを飲みたいわけではなく、あなたとキスやセックスをしたいと思っている可能性が高いです。あなたがセックスをしたくないのであれば、断るようにしましょう。

相手と二人きりになる前に、その男性が本当に信頼できる人かどうかをきちんと確認し、嫌なときは、はっきり「ノー」と伝えてください。

あなたが何も言わず行動もしなければ、相手はあなたが嫌がっていないと判断し、そのまま続けていいと思ってしまいます。言葉以外でも相手の体を押しのけるなど行動で示すこともできます。

何が嬉しくて、何が嫌なのか、はっきり伝えてもいいのです。彼氏がいい人であれば、きっとあなたの意思を尊重してくれるでしょう。

Column 4

若すぎる年齢でのセックス

セックスは、思春期に達していない子どもが、していいことではありません。年齢が達していないということは、体の準備が整っていない状態だということです。

日本では13歳未満の女の子とセックスをすることは、強姦罪に問われます。どんな相手であろうと、女の子が同意していたとしても、虐待にあたるのです。

これまでこのような被害にあっていたとしたら、すぐに信頼できる人に相談してください。

性的虐待において子どもは被害者です。どのような状況であっても、あなたは罪に問われませんし、恥じることはありません。

恥ずかしい、怖いなどと混乱するのも自然なことです。自分に

起きていることが悪いことなのかどうかが分からないとしても、その状況について誰かに相談した方がよいでしょう。

相談相手は、母親、父親、成人した姉、おば、学校の先生、警察官、医師、カウンセラーなどがいいでしょう。

ただし、この役割の人なら誰でもいいというわけではありません。虐待している人を恐れ、その人の傘下に入ってしまいそうな人は避け、あなたを守ってくれる人を選ぶようにしてください。

家族の誰かに虐待されている場合は、家族ではない人に相談した方がいいでしょう。

誰かに話すのは難しいかもしれませんが、今後の人生のために、とても大切なことなのです。

あなたならきっとできるので、勇気を出してください。

第3部

性に関する知識を持つ

第1章

男女の体とセックス

私はセックスに関して学校で教わったこと以外、特に実践的なことについては、ほとんど知りませんでした。学校や家では、誰も言葉にして教えてくれなかったからです。

あなたに彼氏ができればセックスを求められるかもしれません。その際、なんの知識もないまま、すべて相手に委ねてしまうのは、とても危険です。

男性とのお付き合いやセックスに興味がない人は、このようなことは知らなくてもいいと思っているかもしれません。しかし、あなたにその意思がなくても、知らないうちに危険な状況に陥る可能性もあるのです。自分の体を守るためにすべてのアスピーガールにとって、必要なことなのです。

1 女性の体を知る

まずは、女性器。

性器の中心にあるのが膣口《ちつこう》で、奥には膣が広がっています。膣は伸縮性があり、赤ちゃんがここを通って出てくるので、産道とも呼ばれます。

その周りにあるのが、大陰唇《だいいんしん》と小陰唇《しょういんしん》。唇のような形状で膣口を覆っています。

尿道口は、膣口より少し上の方（お腹《なか》側）にあり、膀胱《ぼうこう》につながっています。とても小さいので、膣口と間違えることはないでしょう。

さらに少し上の方にあるクリトリスは豆粒ほどの大きさで、たくさんの神経が集まっている敏感な場所だと言われています。

膣より下（お尻側）にあるのが、肛門《こうもん》。大便を排出する器官です。

性器の形はそれぞれ異なりますので、気にしすぎる必要はありません。

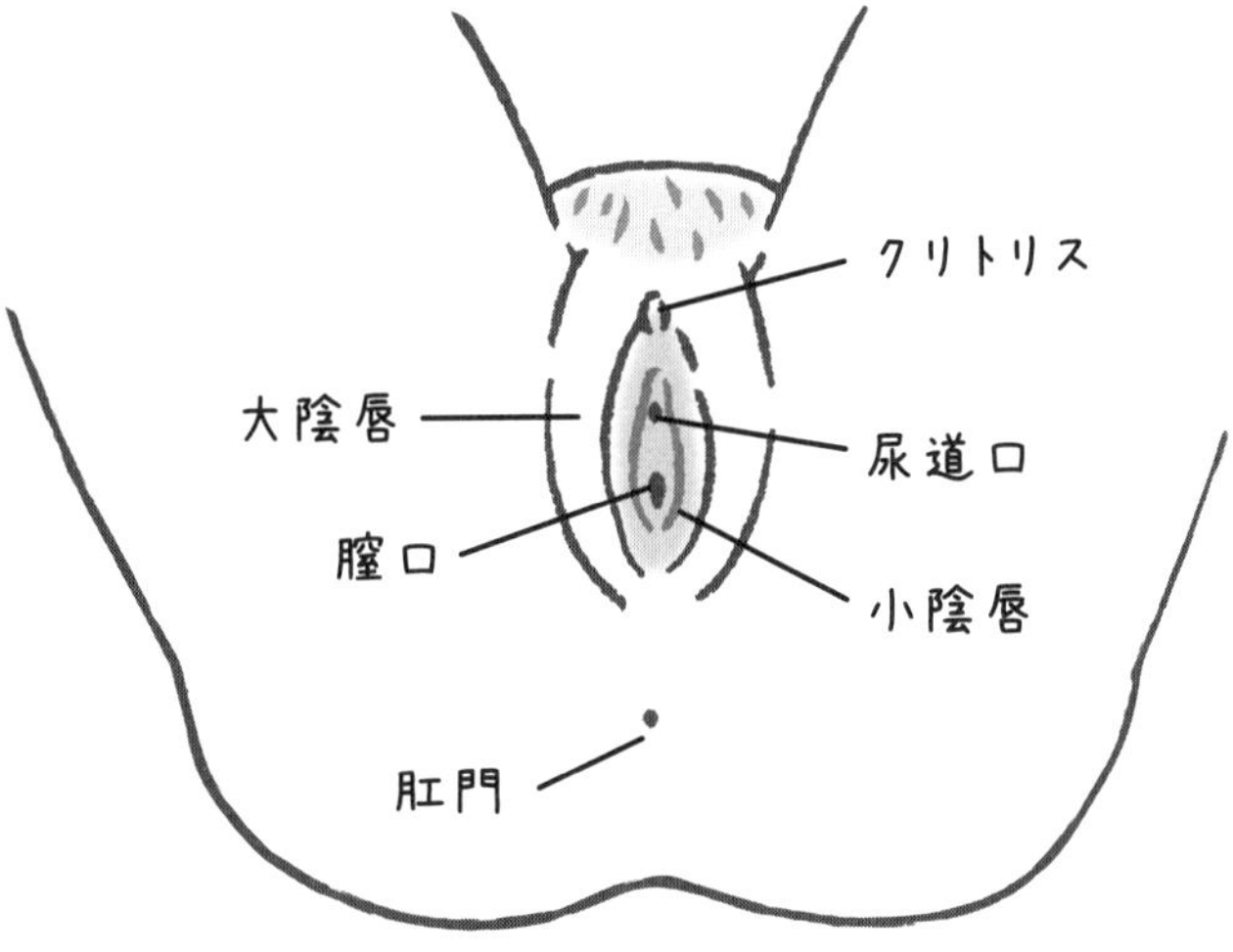
クリトリス
大陰唇
尿道口
膣口
小陰唇
肛門

2 男性の体を知る

次に、男性器。

ペニスは棒状で、亀頭と呼ばれる先端部分は、丸く膨らんでいます。男性が性的に興奮すると、ペニスは勃起して大きくなります。

ペニスの先端にあるのが尿道口。膀胱から運ばれた尿は尿道を通り、尿道口から排出されます。性行為のときには同じ尿道口を通り精液が運ばれます。

精液は生殖器官から分泌される精子を含む液体のこと。受精には男性の精子と女性の卵子が必要です。**いわゆるセックスでは、ペニスを膣に挿入し、精子を卵子に届けます。**

ペニスの後ろにぶら下がっている小さな袋のようなものが陰嚢《いんのう》。その中に精巣があり、精子を作っています。

肛門はペニスや陰嚢よりも後ろ（お尻側）にある大便を排出する器官です。

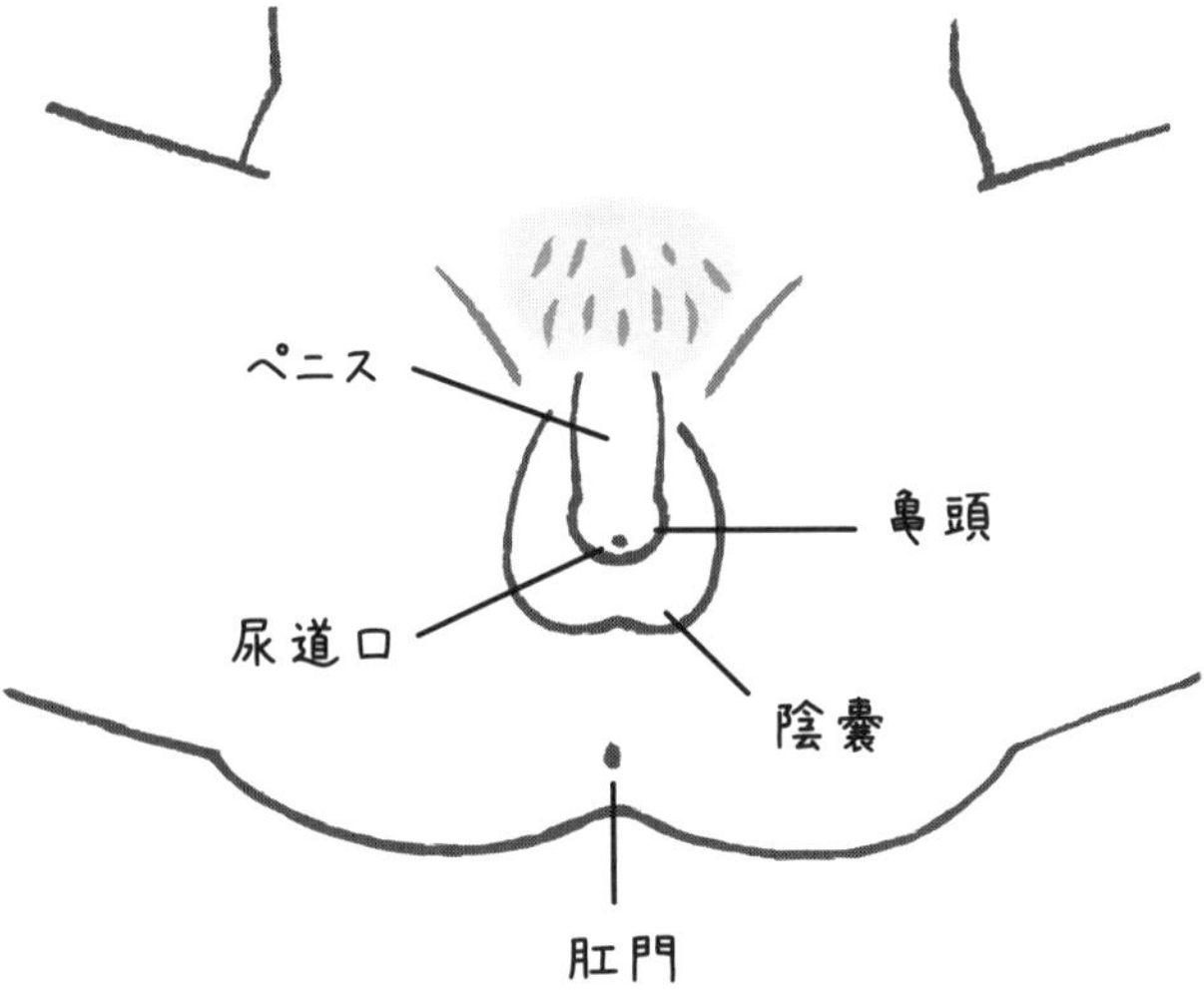
ペニス
亀頭
尿道口
陰嚢
肛門

3 セックスとは何か？

ここで改めて、セックスとは何かについて確認したいと思います。

まず、セックスはキスをしたり、抱きしめ合ったり、体を撫《な》でることから始まります。このとき安らぎを感じリラックスすると同時に、いい気持ちになります。これが性的快感です。

性的快感を得ると、男性のペニスは勃起します。女性の場合は、膣液が分泌されて膣の中が湿っていきます。

その状態になったら、男性のペニスを膣に挿入するのが一番ノーマルなセックスの方法です。一方、もしくはお互いが腰を動かし、摩擦することで刺激を受けるのです。そしてこれを、どちらか一方、または二人ともにオーガズムに達するまで続けます。

オーガズムとは、性行為で起こる性的緊張からの突然の解放のことです。女性がオーガズムに達すると、呼吸が速くなり、性器周辺の筋肉が収縮します。しかし、すべての女性がオーガズムを経験するとは限りませんので、そのことで悩む必要はないでしょう。

男性がオーガズムに達すると射精します。射精された精液が膣の中に入ると、妊娠する可能性がありますので、妊娠を望んでいない場合は避妊具を用いる必要があるのです。

4 セックスが不安なあなたへ

もし、あなたがこれまでセックスをしたことがないとしたら、不安を感じるのも当然。アスピーガールは特に敏感な人が多いので、自分の身に何が起きるのかを恐ろしく感じているでしょう。

初めてセックスをするときは、痛みを感じるかもしれませんし、場合によっては出血を伴うこともあります。しかし、心配し過ぎると膣の周りの筋肉が緊張し、さらに痛みが増してしまうので、大切なのはリラックスすることです。

体も心もリラックスした状態であれば、痛みを軽減することができます。抱きしめられたり体を優しく撫でられたりすることで、安心感を得て、リラックスすることができるでしょう。

もし、セックスのときに、あなたが激痛を感じたとしたら、すぐに止めるようにしてください。それは、あなたの心と体の準備が整っていないことを意味しています。激痛とまでは言えないけれど、嫌だと感じる痛みがある場合も、パートナーに言うべきです。やはりセックスをしたくないと思い直したなら、そのことも遠慮せず伝えましょう。

セックスは性的快感を得られる行為であると同時に、パートナーとの感情的な結びつきを強くするものでもあります。初めのうちは必ずしもセックスを楽しめるとは限りませんが、慣れていくとだんだんといいものになっていくはずです。

5 性行為はセックスだけではない

セックスは裸ですることが前提なので、服を着ている状態であれば安全だと思っている人がいるかもしれません。

しかし、**セックス以外にも性行為には種類があり、無意識にそのような行為を許してしまわないように注意しなくてはなりません。**

具体的には次のようなことです。例えば、キスをしているときに相手があなたの下着の中に手を入れようとするかもしれません。下着の中に手を入れて、性器を触ることも一種の性行為です。これは相手次第では簡単にできてしまうので、注意が必要です。

下着は非常に重要な境界線。この時点であなたが抵抗をしなければ、相手は次のステッ

プに進もうとしてくるでしょう。

もし、あなたがそれを望んでいないのであれば、相手が下着の中に手を入れようとした瞬間に、その手を止めるべきです。あなたが彼の手を止めれば、あなたが嫌がっていることが伝わるでしょう。

相手がいい人であれば、あなたの気持ちを尊重してくれるはずです。もしかしたら次のデートでも同じことをするかもしれませんが、そのときに、やっぱり嫌だと思ったら、また彼の手を止めればいいのです。

この他にも、性行為には、口や舌で相手の性器を刺激するオーラルセックスや、肛門を使うアナルセックスなども含まれます。

膣以外を使った性行為で妊娠する可能性は低いですが、手などについた精液が間接的に膣へ入ることもあるので気を付ける必要があります。

そして、すべての性行為において、性感染症に感染するリスクがあります。

性感染症の中でも、特に重いのがＨＩＶ・エイズです。

ＨＩＶ（ヒト免疫不全ウイルス）は血液、精液、膣分泌液などに多く分泌され、それらの体液が粘膜や傷のついた皮膚に触れることで感染します。

例えば、オーラルセックスをしたとき、唇にひっかき傷やヘルペスなどの小さな傷があるだけで、ＨＩＶに感染するリスクがあるのです。

妊娠する可能性が低いからといって、手を使ったセックスやオーラルセックスを軽く考える人がいるようです。しかし、性行為であることには変わりなく、彼氏や夫でない人とするのは望ましくありません。

そして、もちろん相手が彼氏や夫であっても、どのような種類の性行為をするかはあなた次第。セックスはしたいけれど、他の性行為は望まないというのであれば、そのことをきちんと相手に伝えるようにしましょう。

また、妊娠する可能性が低いから、膣よりもペニスがより刺激されて気持ちがいいからという理由で、アナルセックスをしたがる男性がいます。

しかし、アナルセックスは他のどの性行為よりも性感染症にかかるリスクが高く、肛門が裂けるなど、ケガをしてしまうこともあります。

相手があなたの肛門のあたりをいじって嫌だと感じたなら、すぐに「やめて」と言い、相手を押しのけてください。**大切なのは、相手ときちんと話し合い、コミュニケーションをとることです。**

Column 5

キスについて

キスは文化によって、風習も意味合いも異なります。外国では挨拶代わりに頬にキスをする文化もあります。

私が初めて仕事に就いたとき、とても驚いたことがありました。新年の仕事始めで、同僚同士が頬にキスをし、挨拶をするのです。私はキスに全然慣れておらず、しかもその日が勤務初日だったこともあり、オフィスの端の方で固まっていました。幸い、誰も私のところには来なかったので、大事には至りませんでしたが。

アスピーガールである私にとって、キスはとても神経を使うものです。私のように、不器用で体のバランスが悪い人にとっては、相手の体の動きを認識して、自分の体もそれに合わせて動かすということは難しいことなのです。

近づいたときに、頭突きをしないように、唾をかけないように、肩と顎が当たらないように……。

多くのことに気を配りながら、自分の体の動きを調整することが求められるのです。

挨拶代わりのキスの他にも、ディープキスと呼ばれるお互いの口の中に舌を入れるような濃厚なものもあります。そして、このようなキスには、性的な意味合いが含まれます。

濃厚なキスは彼氏や夫とだけでするものです。もし、友人や家族があなたにそのようなキスをしようとしてきたら、迷わず逃げるようにしてください。相手が大丈夫だと言っても、相手がウソをついていると思うようにしましょう。

もちろん、相手が彼氏であっても、必ずキスをしなければいけないわけではありません。あなたの唇や口はあなたの境界線の内側にあります。境界線の内側にあるものをどうするかについては、あなたに決定権がありますね。

あなたがキスを断ったときにそれを尊重しない男性は、彼氏としてふさわしくないということです。

アスピーガールは、社会のルールに従おうと一生懸命頑張っています。それはとてもいいことですが、性の問題については分けて考える必要があります。

恋人同士はキスをするものだ。そのような考えにとらわれず、自分の気持ちを尊重してほしいのです。あなたが望まないことについて、その意思を無視してまで社会のルールに従おうとしなくてよいのです。

私は初めて男の子とキスした後、とても悩みました。

なぜなら私は相手を愛していなかったのにキスをしてしまったから。自分がだらしない女に思えて苦しかったのを覚えています。

しかし、友人に相談したところ、友人は大笑いし「キスなんて実験みたいなものだから、深刻に考えなくても大丈夫よ」と教えてくれました。男の子とキスしたからといって、だらしない女というわけではないと知り、ほっとしました。アスペルガーであるかどうかに関わらず、誰でもみんな失敗し、失敗から学んでいくものなのです。

初めのうちはどうしていいか分からず、キスを怖いと思うかもしれません。でも実際は、あなたがしたいと思ってするのであれば、危険なものでも、難しいものでもないので安心してください。

第2章

安全なセックスをするために

愛情のあるセックスは素敵なものです。しかし、どんなにいいセックスだったとしても、女性にとってはリスクが伴うことを忘れてはいけません。

具体的にはどんなリスクがあるのでしょうか？ どうすればそのリスクを減らすことができるのでしょうか？

セックスをできるだけ安全なものにするために、私たちは正確な知識を持つ必要があるのです。

1 安全な相手かどうかを見極める

セックスにおいて、「安全である」ことは、極めて重要です。「安全である」とは次のようなことを意味します。

★自分がセックスをしたい相手とすること。
★攻撃されたり脅されたり、セックスを強要されたりしていないこと。
★性感染症の予防をしていること。
★妊娠を望まない場合は避妊すること。

セックスをするときは、まず相手が安全で、信頼できる男性であることを確かめなければなりません。

相手がいい人かどうかを見分けるのは非常に難しいものです。

アスピーガールには人の本質を見極めるのが苦手な人が多いので、彼がいい人なのか、危ない人なのかどうかについては、サポーターに相談し、意見をもらうようにしましょう。

相談した相手が、あなたの彼氏に会ったことがなかったとしても、彼とあなたの関係や、彼があなたをどんな風に扱っているのかについて話せば、分かってもらえると思います。

2

性感染症を防ぐ

すべての性行為には性感染症のリスクがあります。性感染症の種類や相談窓口などは、厚生労働省のウェブサイトに分かりやすく書かれていますので参考にしてみてください。性感染症にかかっている人たちの中には、自分が感染していることを知らず、知らないうちに他の人にうつしてしまっている場合もあります。

ここでは、女性が性感染症にかかった場合に現れる症状をいくつか挙げておきます。

★おりものが多い（嫌な臭いがしたり、色が変だったりする）。
★膣に違和感やむずがゆさがある。
★排尿するときに痛みや不快感がある。

★性器や肛門のまわりに痛みを伴ったイボや水疱ができる。
★セックスの最中に痛みを感じる。

性感染症は恥ずかしいからといって、無視できるものではありません。そのままにしておいても決して治るものではないのです。

病院で検査を受けるには勇気がいると思いますので、心の準備ができるように、検査の方法を知っておいた方がいいでしょう。

病院で検査を受けるときは、パンツを脱いでソファに腰かけ、足を広げます。子宮や頸《けい》部《ぶ》を確認するため、医師は膣に検鏡《けんきょう》と呼ばれる小さい装置を挿入し、検査をします。

恥ずかしければ、女医さんに診てもらうこともできます。**早めに処置をすれば治る病気も多いので、心配なことがあったら、すぐに病院で相談するようにしてください。**

3 避妊をする

もし、あなたが妊娠したくないのならば、セックスをするときは必ず避妊をしてください。避妊の方法は様々で、避妊できる確率も方法によって異なります。

例えば、ピルなどの薬を女性が服用する方法がありますが、この方法は性感染症予防には効果がありません。また、アスペルガーの人は、薬物に敏感な場合も多いので、薬を使った避妊については慎重に検討する必要があります。


避妊と性感染症予防の両方に効果のある唯一の方法が、コンドームを使用することです。

コンドームは、薬局やコンビニなどで買うことができます。

コンドームの使用にあたっては次に示す注意事項を守り、使用効果を低下させないように注意してください。

★古くなると破れやすいので、外箱に記載された使用期限を守る。
★ＪＩＳマークの付いた品質の保証されたものを使用する。
★日の当たらない、風通しのよい場所に保管する。
★一緒にローションやオイルを使うと効果を低下させてしまうので、避けるようにする。
★長時間セックスをするならば、30分ごとにコンドームを替えるようにする。
★もう一度セックスをするならば、同じコンドームを使わず、新しいコンドームを使うようにする。

次に、コンドームを正しくつけることが重要です。コンドームは材料や性能に関係なく、間違った使い方をすると破れてしまいます。男性がコンドームを装着するのには少しコツがいります。

もし、相手の男性が正しい使い方ができなかった場合、より大きなリスクを背負うのは女性です。そのような事態を防ぐために、あなた自身が正しいコンドームの使用方法を理解しておくことが必要なのです。

1

はじめにパッケージを開け、親指と人差し指で、コンドームの先端部分をつまむように持ちます。

2

勃起したペニスの先に、先端の突起部分を置きます。先端の突起に空気が入り込まないように注意しましょう。

3

先端部分をつまんだまま、コンドームをペニスの根元まで巻き下ろします。ゴムなどの伸縮性がある素材でできているので、男性の勃起したペニスにぴったりと合います。

4

先端部分をつまんでいた指を離します。その際、先端が空気でいっぱいだったり、隙間がなかったりする場合は、新しいコンドームを最初から装着し直してください。

5

射精後、すぐにペニスの根本でコンドームを押さえ、膣からペニスを抜いてください。ペニスは射精後、小さくなりコンドームとペニスの間に隙間ができます。この隙間から精液が膣に入り込まないよう気を付けてください。

6

ペニスを膣から抜いた後、コンドームを取り外し、精液をこぼさないように気を付けながら、ティッシュに包みゴミ箱に捨てます。

性行為をするときは、膣に精液が入らないように常に注意する必要があります。コンドームを処分した後も、ペニスに付着した精液があなたの性器に接触しないように注意しましょう。

4 避妊に失敗した場合のリスク

基本的に、セックスは相手が誰であろうと、妊娠の可能性があるのです。**まず、前提として妊娠を望まない場合は必ず避妊をするようにしてください。**

しかし、何らの理由で避妊に失敗した場合は、緊急避妊ピル（アフターピル）を使うことができます。緊急避妊ピルは、排卵を抑え、受精卵が着床することを阻害することで妊娠を防ぐものです。

緊急避妊ピルが必要な場合は、できるだけ早く、医療機関に行くことが大切です。アスピーガールにとっては、特に体への負担が心配ですので、医師と相談して使用するかを決めましょう。

もし望まないままに妊娠してしまい、どうしていいか分からない場合は、とにかく早く

医師やサポーターに相談してください。

妊娠してしまった場合、次のような選択肢が考えられます。

- ★子どもを産み、育てる。
- ★妊娠初期の段階で中絶する。
- ★子どもを産み、養子に出す。

相談するのが恥ずかしい気持ちも分かりますが、もし本当に妊娠しているとしたら、恥ずかしがっていられる状況ではないのです。

中絶には期限があり、日本では満22週未満と定められています。期限内でも妊娠週数が進むほど、体への負担は増えますし、子どもを「殺す」という意識が大きくなります。

どういう結論に至るにせよ、十分な説明を受け、熟考した上で、なるべく早く答えを出すことが求められるのです。

Column 6

彼氏がコンドームを使うことに協力してくれなかったら？

避妊具としてコンドームを使うには、男性の協力が必要です。

コンドームは、避妊にも性感染症予防にも効果があるものですので、きちんとした男性ならばコンドームを使うことに同意してくれるはずです。

しかし、中には自分勝手な理由でコンドームを使うことを嫌がる男性がいます。

セックスの途中でコンドームをつけるのが面倒だとか、コンドームをつけると気持ちよくなくなるとか、言い訳は色々だと思います。

男性がこのように言ってきた場合も、流されてはいけません。

安全でないセックスがどんなことを引き起こすのか思い出してください。

性感染症に感染し、病院で治療が必要になるかもしれません。エイズなど命に関わる感染症にかかってしまうかもしれません。妊娠して中絶することになったとき、あなたの心と体にどれだけ負担がかかるかは、想像するのもつらいことです。

コンドームを使わないように強制されたり、巧みに言い含められたりしても、あなたは毅然とした態度で「ノー」と言わなければいけません。

そのためには、相手の男性と事前に話し合い、確認しておくことが大切なのです。

第4部

望まないセックスから身を守るために

第1章

セックスについて自分の考えを持つ

セックスをするかどうかを決めるのはあなた自身です。

自分の意思に反して、望まない相手とセックスをしてしまうと、結果的に精神的なダメージを受けるのは、あなたなのです。

相手や状況に流されているのではないか、自分は本当にその相手とセックスをしたいのかを冷静に考え、慎重に判断する必要があるのです。

1 一番大切なのはあなたの意思

一緒にいる相手がいい人で、その人を心から愛していると確信しているのであれば、セックスをするかどうかは、あなた次第です。

それでも本当にそうしたいと思って同意しているのか、セックスをすることは本当にあなたの意思なのかを、もう一度自分自身に尋ねてみてください。

自分の意思で同意するということは、相手にそう仕向けられてするのとは違います。相手から、操作されたり、攻撃されたり、強制されたりしてセックスをするとしたら、それはあなたの意思ではないのです。

「君もしたいんだろう?」などと言ってくる人は疑ってください。あなたが望んでいるかどうかは相手には分かるはずがないのです。

そういう人は、あなたがどう思っているかに関係なく、あなたをそう信じ込ませようとしているだけなのです。

また、セックスをしないと、相手との関係が悪くなるなんて考えるのは間違っています。セックスは結果を恐れてするものではないのです。

もし相手がセックスをしなければ別れると言って脅してきたとしても、そんな話に乗らないようにしてください。そもそもセックスをしなければ別れると言ってくるような人とのお付き合いはやめた方がいいでしょう。

他の人たちもしているからした方がよさそうだという理由でセックスをするのもよくありません。あなた自身が本当にしたいと思ったときにすべきなのです。

「誰も私のことなんて必要としていない。だから、こんなひどい人とでも付き合うしかない」なんて考え、そんな相手とセックスしようとしているのであれば、それもよくないことです。

誰もあなたのことを必要としていないと考えるのは、自尊心が低下している証拠です。そんなときはあなたを愛している人やサポーターと話をしてみてください。

あなたが付き合っている相手のことを愛していなければ、その人とするセックスはとても虚《むな》しいものだと思います。 感情的なつながりがないのに、体だけの関係を持つというのは、やはり間違っています。

体の関係ができれば、気持ちの結びつきもできるはずと考えるかもしれませんが、実際はそういうものではありません。

感情的な結びつきというのは、お互いをよく知り信頼し、お互いを大切に思う中で、生まれるものであり、体の関係によって生まれるものではないのです。

2 自分が望まないことを男性にやめさせるには?

改めて確認しておきたいのは、あなたの体をどうするかは、あなた自身が判断すべきだということ。これは、キスに関してもセックスに関してもどんなことについても言えることです。

相手が彼氏でない場合、胸やお尻などに触れられたくありませんね。それが信頼している人であろうと、例えばマッサージの一環として行われたとしても、あなたには「ノー」と言う権利があります。

相手が彼氏である場合も、あなたが何を望んでいるのかを、はっきり伝える必要があります。はっきり伝えない限りは受け身の姿勢のままで、彼氏の思うままに動くしかなくなります。

相手に伝えるためには、まず自分自身の中で、相手にどこまで許すか、どこまでなら触れられてもいいのかを確認しておく必要があります。

そして、彼氏があなたの体に触れてきたら、どこまで許すことにしたかを思い出すようにしてください。もし自分が決めていた範囲を相手が越えてきたときは、すぐに相手の手を払いのけましょう。

それでも相手がまた触ろうとしてきたら、もう一度同じように強く払い、「やめて」と言葉で伝えましょう。その際、小さな声でささやくように言っても意味がありません。はっきりとした口調と声で伝えることが大切です。

あなたが手を払いのけたりしても、相手が止めようとしないのであれば、すぐに逃げた方がいいでしょう。**性行為について、「ノー」と言ったときにそれを受け入れてくれないような相手は危険です。**

たとえ、些細《ささい》なことであっても、それを尊重してくれないような人は、より重要なことについてもあなたの気持ちを無視して踏み込んでくる可能性があるのです。レイプのような最悪の事態を避けるため、次のような選択肢があることを知っておいてください。

★逃げる。
★助けてと叫ぶ。
★防犯ブザーを鳴らす。
防犯ブザーはポケット等に入れて携帯することができます。音に敏感であなた自身の健康を及ぼす可能性がある場合は、使用しない方がいいかもしれません。
★たたく、噛みつく、蹴る、殴る。
本来は悪いことですが、こういう状況では許される行動です。相手の反撃にあわないように注意してください。

Column 7

命を守るためならルールを破ってもいい

社会にはルールがあります。

例えば、「人に暴力をふるってはいけない」「ウソをついてはいけない」「礼儀正しく接する」「叫んだり、大声を上げたりしない」など。

私たちは、お互いにルールを守ることで、快適に過ごすことができるのです。

しかし、一方のルールを守ろうとすると、もう一方のルールを破らざるを得ないこともときとして起きることがあります。その時々で、一番大切にしなければならないルールは異なるので、アスピーガールはそんな状況に混乱してしまうこともあるでしょう。

様々なルールがありますが、どんなときも一番大切なのは「自

分の安全を守る」というルールです。つまり、自分の安全を守るためであれば、他のルールを破っていいということです。

相手を叩いても、大声で叫んでも構いませんし、目上の人だからといって礼儀正しくする必要もありません。

緊急事態のとき、加害者に「誰にも話さない」とウソをついても悪いことではありません。

脅されていてどうしても逃げられない状況では、相手の言うことを聞かなければならない場合もあります。今まで、相手が許されないことをしてきた場合には、「ノー」とはっきり伝えるようにと繰り返してきました。

しかし、あなたの命が危険にさらされているような状況では、このルールも無視すべきなのです。レイプによって心や体に傷を負うのは痛ましいことですが、一番守るべきなのは命なのです。

第2章

傷ついた心を癒す

自分自身の安全が守られるよう、性に関する知識を得た上で、分別をもって判断できるようになったとしても、悪いことが起きてしまう可能性は誰にでもあります。

たとえ、最悪の事態が起こってしまったとしても、あなたは悪くありません。自分を責める必要はないのです。心や体が傷ついたとしても、適切に対応すれば傷を癒すことができます。どのように対応したらいいかを、一緒に考えていきましょう。

1 レイプ被害にあってしまった場合の対応

このような話をするのは非常に心が痛みます。ですが、レイプや性的虐待は予期できるものではありません。残念なことに悲しい出来事が突然自分の身にふりかかることもあるのです。そんなとき、どうしたらいいのかという対応の仕方についてお話しておきたいと思います。

1 逃げる

とにかくなるべく遠くに逃げてください。相手がついてこられないような安全な場所まで逃げるようにしましょう。

2 助けを呼ぶ

すぐに110番に電話をして、警察を呼んでください。何が起きたか、自分はどこにいるのか、加害者はどこにいるのか、話してください。

3 助けを得る

信頼できる人に相談してください。きっと相手はあなたのところにかけつけてくれるはずです。

4 体を洗わないようにする

すぐにシャワーを浴びたいとは思いますが、加害者の証拠をなくすことになるので、自分の体を洗ったり、洋服を捨てたりしないでください。

5 出血をチェックする

ケガはしていないか、出血していないか、痛くはないか、確認してください。特に、性器のあたりはよく確認してください。

6 医師の診察を受ける

すぐに近くの病院で診てもらい、医師と相談し緊急避妊の処置を受けるようにしましょう。起きたことを思い出して怖く感じることもあるので、できれば信頼できる誰かと一緒に病院に行くようにしてください。

7 心のケアを受ける

身体的な傷は時間が経てば治るものですが、精神的な傷はそうはいきません。身体的にも精神的にもダメージが大きいので、信頼できる人に相談し、専門家のケアを受けるようにしてください。

病院に行くのも怖いという人もいると思います。でも安心してください。**お医者さんも看護師さんもあなたを守るためにしていてくれるのです。少し恥ずかしさはあるかもしれませんが、痛いものでも怖いものでもありません。**

事前にきちんと説明をしてくれると思いますので、何か分からないことがあれば遠慮なく尋ねるようにしましょう。場合によっては、自分がアスペルガーであることを打ち明け、「分かりやすく説明してほしい」「優しくしてほしい」など自分の要望を伝えてもいいでしょう。

当然のことですが、レイプはとても恐ろしいことです。急に怖くなったり、涙が出てきたり、不安になったり、イライラしたり、自分のことを汚く感じたり、とにかく混乱するものなのです。

安心できる人と一緒にいることで、気持ちも少し楽になると思います。一人で抱えこまず、サポーターに頼ってください。

相手に迷惑をかけたくないとか、忙しいのに無理をさせたくないなどと思わないでください。あなたの心と体を守ることが何よりも大切なことなのです。

2 再び被害にあわないために

人によっては、レイプについて誰にも相談できずに何年も経過してしまうということもあります。**しかし、加害者の脅しに屈して誰にも相談しないとしたら、加害者の言いなりになり、再び被害を受ける可能性もあるということを忘れないでください。**

加害者のこのような言葉は、あなたを怖がらせ、誰にも相談させないようにしているだけかもしれませんので、慎重に判断してください。

★「誰かに話したら、お前を殺すからな」
★「誰かに話したら、お前の家族がどうなっても知らないぞ」
★「誰かにこのことを話したら、相手はきっとお前に失望するぞ」

警察に通報すると様々な質問を受けることになりますし、場合によっては裁判に発展することもありますので、とても勇気がいるのも分かります。しかし、**自分を守るために、また他の女性を守るために勇気を出してみてください。**

都道府県ごとに、性暴力の被害者のための支援センターがあります。センターの人は、あなたを守るために親身になって動いてくれます。もし、警察に通報するかどうか決めかねているときは、まずは、センターに相談してみてもいいでしょう。

インターネットで検索すれば、センターはいくつかあるので、電話をしてみて、いいと思ったところに頼るといいでしょう。

警察署や裁判所に行く場合は、信頼できる人に一緒に行ってもらってください。**こういうときに頼りになるのは、あなたのことを大切に考えてくれるサポーターです。すぐに見つからなくても、じっくり考え、あなたが最も信頼できる人を選びましょう。**最初に相談した相手が何もしてくれなければ、次に信頼できる人を。その人も難しければ、その次に信頼できる人をというように諦めず順番にあたってみてください。

3 傷ついた心を癒す5つのステップ

以前、信頼しているサポーターに自分の体験を聞いてもらうことがありました。私は、その最中汗や震えが止まらず、ずっと怯《おび》えたままででした。

もう何年も前に起きたことについて話していたのにも関わらず、そんな状態でした。

そのときは、サポーターに抱きしめてもらい、ようやく落ち着きを取り戻し、話を続けることができました。まるで子どものように優しく包み込んでもらい、安心で温かく、心地よく、私たち以外の世界が溶けてなくなったかのように感じたのを覚えています。

話をしているとき、目を合わせることはありませんでしたが、それでも彼女が私のことを受け入れてくれていることは伝わってきました。

なぜなら、彼女は私を抱きしめる腕をゆるめず、離そうとしなかったからです。彼女の優しい声を聞いていると、自分の中の様々な思いや恐怖心がしずまっていくのを感じました。このような相手がいる私はとても恵まれていると思います。

彼女は私自身やその他の関わった人たちを許すことについても、教えてくれました。彼女のおかげで、自分自身に罪はないことが分かったのです。

同時に自分があまりにも純粋で幼く、無知であったことも実感しました。純粋なのはいいことですが、それゆえに他人につけ込まれやすいということも知りました。

私はそれを認めるのが恥ずかしく、怖いと素直に伝えました。彼女は批判めいたことは何も言わず、優しく対応してくれました。

彼女が言うには、私に起こったことは、罪のない人を利用する悪いケースの典型例であるそうです。たとえ、私が認識していなくても、相手は間違いなく悪意があるというのです。だからといって、自分を不潔だなんて考える必要はないとも言ってくれました。

彼女のおかげで、粉々になった私の心は、一つにつなぎ合わされました。話し終わった直後は、疲れ切って、何がなんだか分かりませんでしたが、しばらくすると、心が自由になり、世界が違って見える気がしました。

同意の有無にかかわらず、望ましくない人と性的関係を持ってしまったとき、人は後悔や悲しい気持ちでいっぱいになるでしょう。

それをどうしたらいいのか分からず、記憶の奥の方に押し込め、忘れてしまおうとする人も多いのではないでしょうか。

しかし、表面上は忘れたように思えても適切な対処をしないと、その記憶は潜在意識の中に残ってしまいます。

その悲しい出来事を思い出し、恐怖心に襲われコントロールが効かなくなり、ひどい場合には、睡眠障害や食欲不振、パニック発作などが起きることもあります。

勇気を出して、自分の傷を癒す一歩を踏み出してみましょう。

私にとっても、つらい経験を人に話すのは大変なことでしたが、それでも私が得たものは非常に大きかったと思います。

自分の心に蓋《ふた》をするのではなく、自分自身で心の傷を癒す方法を知っておくことが、深刻な心の傷を作らないことにつながります。

次に心の傷を癒す5つのステップを示しますので、試してみてください。

ステップ1　起こったことを信頼できる人に話す。

女性にとって、望ましくない性的な体験は、認めることさえ、嫌なものだと思います。ですが、よくないことを秘密のままにしておくのは、心の痛みも同じく自分の中だけに閉じ込めてしまうようなもので、あなたのためになりません。

レイプや性的虐待は、話題にはされませんが、実際には他の人にも起こっていることなのです。**信頼できる相手に話をすることで、傷ついた原因を取り去ることができ、自分を**

恥じる必要がないことに気付くでしょう。

誰かに聞いてもらうことは、自分の頭の中だけであれこれ考えることよりもずっといいことです。伝え方は何でも構いません。直接言葉で伝えるのが難しいのであれば、手紙を書いたり、メールを送ったりしてみてください。

私が話をした相手は、プロのカウンセラーではなく、昔からの知人でした。もちろん、誰を選ぶかはあなたの自由です。知り合いに話すことに抵抗があるのなら、専門家に頼むこともできるのです。

ステップ2 自分の感情に向き合う。

心を癒す最良の方法は、安心できる人と、その出来事について話すことだと思います。

私の場合、自分に起こった出来事を思い出すだけで感情が高まり、混乱してしまい、自分一人では気持ちを整理することもできませんでした。

自分の感情を整理するには、助けが必要でしたが、皮肉なことに、その感情の中には、そもそもその出来事について話すのを躊躇《ちゅうちょ》させるものがあったのです。

あなたにも似たような経験があるとしたら、自分の感情を振り返り、自分が何を感じているのか、なぜそう感じるのかを整理してみてください。そうすることで心の傷が癒えることもあるのではないでしょうか。

ステップ3 自分を責めない。

もしあなたが、その出来事を引き起こしてしまった責任は自分にあると感じていたとしても、どうか自分を許してあげてください。これはとても大切なことです。

たとえ、あなたが信じる相手を間違ったとしても、時間帯や場所などをよく考えずに行動してしまったとしても同じです。

人間はその時点で知っていることにしか対処できないのです。情報が乏しく、明確なルールや方法について教えてもらえていないとしたら、きちんと対処することはできません。そんな状況ではミスをしてしまうのも当然です。

学びが増えれば、できることも増えます。違う視点で行動することができます。失敗から学び、今度は違う視点で行動できるようになることが大切なのです。

ステップ4 怒りましょう。

私はこれまで、怒ることは悪いことで、いい女の子は怒らないとずっと思ってきました。

しかし、怒りはとても自然な感情で、重要な役割を持っていることに気付きました。

例えば誰かがあなたに不当な行動をとった時、あなたが怒りを表すのは当然の反応です。

そんなとき、怒ることをしなかったら、同じことが何度も起きてしまうかもしれません。

怒りは適切な場面で引き出されたのであれば、自分自身や他人を守るために大切な感情なのです。

ステップ5 相手を許しましょう。

あなたが相手に深く傷つけられた場合、自分を傷つけた相手を許すべきではないと思うのも当然です。しかし、相手を許さないでいることは、あなた自身の中に、永遠に怒りと苦痛を押し込めることになるのです。

あなたが負った傷の大きさにかかわらず、その苦しみから解放されたいと願っているのなら、相手を許すことが唯一の方法であると私は思います。

許すというのは、起きたことは仕方がないと思うことではありません。あなたが恨みを晴らしたいと思うのをやめ、あなた自身がその出来事から解放されることを意味します。

相手を恨み続けたとしても、相手を傷つけることにはなりません。ですが、あなた自身を傷つけることになるのです。これでは幸せな人生を送ることはできません。相手を許さないということは、一見相手に毒を飲ませることのように思えますが、実際は自分で毒を飲むようなものなのです。

許すことと和解することは全く異なります。再び相手に会うのはリスクがありますし、相手に直接何かを伝える必要はありません。大切なのは、心の中で本当にその人を許せるかどうか。頭では分かっていても難しい場合は、次のような方法を試してみましょう。

1 部屋の中で寝転がり、うつ伏せになります。
2 体の力を抜き、足から頭に向かって少しずつ筋肉をゆるめます。
3 リラックスできたら、嫌な出来事と相手のことを思い出します。
4 相手に対し、今後一切そのような行動を繰り返さず、分別のある行動をとるよう願っていることを声に出して確認します。
5 自分が相手と鎖でつながり、色々な感情がその鎖を伝って、相手と自分の間で行き交うところを想像します。
6 その鎖が壊れるところをイメージします。
7 相手の幸福をイメージし、自分から優しく離れているところを思い描きます。

Column 8

親愛なる妹たちへ

ここまで読み進めるのには、かなりのエネルギーが必要だったのではないでしょうか。あまり怖がらせるような説明はしないように気を付けてきたつもりでしたが、大丈夫でしたか？

私は決して、男性とのお付き合いを否定しているわけではありません。男性は信用できないと言いたいわけでもありません。これは男性に限ったことではありませんが、世の中の大半の人はいい人である一方、現実として悪い人もいるものです。

本来、男性とのお付き合いは、とても素晴らしいものです。たしかに、難しいことではありますが、将来は自分も家庭を持ちたいと考えているのであれば、あれこれ迷いながらデートを重ねるのもとても価値があることだと思います。

アスピーガールに結婚は無理だと思っている人がいるかもしれません。でも、そんなことありません。多くのアスピーガールが、自分自身の家庭を持ち、楽しく幸せに暮らしています。

ここまであれこれ説明してきましたが、私がお伝えしたことを理解してもらえれば、自分自身のことを守り、適切な判断ができるはずです。

もしすでに、あなたの身に悪いことが起きているとしたら、とても気の毒なことです。あなたを強く抱きしめたいです。**あなたは一人ではありません。あなたを愛している人がたくさんいます。その人たちも、きっとあなたを抱きしめたいはず。**

どうか勇気を出して助けを求めてください。その人たちはあなたをきっと助けてくれるはずです。解決できないことなんてないのです。大丈夫、あなたなら必ずできます。

この本がどのように作られたか

私はこの本を、アスピーガールのみなさんに分かってもらえるように、分かりやすく書いたつもりです。

本の内容に関しては、多くのアスピーガールと同じく、私にとっても話題にするのがためらわれるようなものが多く、書き進めるにあたって、恥ずかしい思いもしましたし、正直困惑もしました。

なぜなら、私は感覚への過敏と同じように、感情にも過敏だからです。これはアスピーガールのみなさんには分かってもらえると思います。そのため、私はこの手のことを一切話題にしたことがありませんでした。

他の人たちは、いわゆるガールズトークなんかで、彼氏のことやセックスのことを話すこともあるでしょう。しかし、私にとって、他の人とこういう話をするのはとても難しいことなのです。

この本を読んでくれたアスピーガールにとっても、他の人と性の話をするのは難しいと思い、一人でも読み進められるように丁寧に書きました。

知識の示し方にも気を付けました。

よく、アスピーガールに曖昧な教え方をする人がいます。おそらくそういう人は、こちらが常識やある程度の知識を持っていることを前提として話をするのだと思います。

しかし、それではアスピーガールには理解ができませんし、誤解して受け取ってしまうこともあるのです。

ですから、本書では、そういった常識や知識を持ち合わせていなくとも理解できるよう注意を払いました。基本的であっても一から確認することはアスピーガールにとって重要なことだと考えているからです。

専門家の方々へ

この本は、専門家の人たちにも使ってもらうといいのではないか、と言っていただいたことがありました。

本当にその通りで、私は、アスペルガー当事者として、この分野のことについて、専門家の人たちにもよく知っておいてもらう必要があると思っています。

その上で、できるだけ明確に分かりやすく、アスピーガールに伝えてもらいたいのです。

その際、いくつか留意していただきたいことを記しておきます。

★この分野の話は、たとえそれが授業中で理論的なことを伝える場面であったとしても、場合によっては過去のトラウマを思い出させるきっかけとなる可能性があります。

★相手を信頼していないとできない話題が多く、相談を通じて当事者との深い結びつきを生むものですが、専門家としては、きちんと線を引いて関わる必要があります。

★アスピーガールと話す中で、本当にびっくりするようなことを聞くこともあるかもしれません。アスピーガールの中には、あなたが想像もしていないような恐ろしい体験をした人もいることを、覚えておいてください。

★彼らは、自分たちのことを批判されるととても傷つくものです。たとえどんなことを聞かされても、相手を批判したり、一方的に判断したりしないようにしてください。

過去のトラウマ体験で受けた傷を癒すには、本物の愛情や優しさが必要です。私は本当にそのことを実感しています。愛されている実感を持ち、安心できることで、初めて人に話せることもあるのです。

もし、私が精神科医とデスクを隔てて、自分の体験について語らなければならないとしたら、自分のトラウマを打ち明けられる自信はありません。

私は、過去の嫌な体験について振り返り、話し合うことは、自分たちのことを愛してくれている人たち、大切に思ってくれる人たちとの間で行うべきだと思います。

ですからアスピーガールにとっては安全なデートやセックスの方法を考える前に、自分が本当に信頼でき、愛してくれるサポーターを見つけることが重要だと思うのです。もしあなたが、アスピーガールをサポートするのであれば、専門家としてどのようにかかわるのか、自分の職務は何なのかを最初に明確にしておく必要があります。

アスピーガールにとっては、社会的な関係を理解することは難しいことです。サービスを提供する側―受ける側、雇われる側―雇う側という概念がよく分からず、前提となっているルールも彼女たちにとっては当たり前のことではないのかもしれません。

少なくとも私はそうでした。自分が頼りにしていた専門家は友達ではないと分かったとき、とても悲しい気持ちになりました。

しかし、専門家として、アスピーガールを理解してくれる人が必要なのも事実です。どうか私の大切なアスピーガールを支えてあげてください。よろしくお願いします。

訳者からのメッセージ

私たちが発達障害のある人の支援に携わるようになってから10年以上経ち、その間、たくさんの「アスピーガール」たちと出会いました。

彼女たちの中には、対人関係の中で傷つき悲しい思いをして、人との関係に臆病になっている人も少なくありませんでした。特に異性関係において、性教育が十分とは言い難い日本では、望まない性的関係によって、心だけではなく身体も傷つくこともあるのです。

彼女たちがパートナーとより良い関係を築いていくために、性に関する正しい知識を持ち、相手も自分も大切にできるようになってほしいというのが私たちの願いでした。

そんな折、ご自身が発達障害の当事者であるデビ・ブラウン氏による原著 *The Aspie Girl's Guide to Being Safe with Men* に出会いました。

おわりに

本書は、アスピーガールや彼女たちの周りにいるサポーターだけではなく、すべての女性にとって大切なことが書かれています。興味本位や望まないセックスに身を任せるのではなく、性に関する正しい知識を持った上で、すべての女性にとってパートナーとの関係を充実させるきっかけになってほしいと思っています。

本書を手に取ってくださったアスピーガールが、異性との関係を見つめ直し、一歩踏み出す勇気を持ってくれれば、こんなに嬉しいことはありません。そして、素敵な人と出会い、愛情ある関係を育み、相手を慈しみ、豊かな人生を送ることを心から願っています。

最後に、本書の翻訳にあたって、岡崎様にはたくさんの有益なアドバイスとフォローを頂きました。また、本書の翻訳という貴重な機会を頂き、最後までサポートをしてくださった東洋館出版社の大竹裕章氏と小林真理菜氏に、この場を借りて心から感謝申し上げます。

村山光子・吉野智子・赤嶺萌

訳者略歴

村山光子（むらやま　みつこ）

東京生まれ。中央大学総合政策研究科修了。特別支援教育士スーパーバイザー。
Multiple Employment Support Association for Developmental Disabilities（MESA 発達障害学生就労支援研究会）代表。
大学職員在職中に発達障害のある大学生たちと出会い、発達障害者支援に本格的に取り組む。現在は発達障害のある大学生の学生支援や就労支援に携わり、大学等において、発達障害学生支援に関する研修、講演会等の活動を行っている。著書に、『発達障害のある人の就労支援』（金子書房・分担執筆）がある。
https://www.facebook.com/mesa.org/

吉野智子（よしの　ともこ）

東京生まれ。青山学院大学文学部卒。臨床心理士。

大学院において心理学を専攻。発達障害のある子どもたちのつまずきに関する研究を行う。

院修了後は、発達障害のある子ども達に対する SST 指導に従事。その他、公立中学校においてスクールカウンセラーとして勤務するかたわら、大学の心理学科において講師として教鞭を執る。近年では、大学における障害のある学生の支援業務に従事している。

赤嶺　萌（あかみね　もえ）

沖縄生まれ。臨床心理士。

高校在学中、アメリカに留学後、大学・大学院にて心理学を専攻。

発達に偏りのある子どもの支援の在り方について研究を行った。

現在は、相談機関において、乳幼児期から青年期までの発達及び心理相談業務を担当している。

THE Aspie Girl's Guide to Being Safe with Men

—The Unwritten Safety Rules No-one is Telling You—
By DEBI BROWN
Translated by Mitsuko Murayama, Tomoko Yoshino, Moe Akamine

First published in the UK in 2013 by Jessica Kingsley Publishers Ltd.
73 Collier Street, London, N1 9BE, UK
www.jkp.com

Printed in Japan

Japanese translation rights arranged with Jessica Kingsley Publishers
through Japan UNI Agency, Inc., Tokyo

筆者略歴

デビ・ブラウン

Debi Brown

スコットランド在住。

29歳のときにアスペルガーの診断を受け、その後ストラスグライド大学にて自閉症の研究に従事。34歳で本書を執筆。

女性のスペクトラム、自閉症スペクトラムの人の進学・就職・ライフスタイルなどについて精力的に執筆・講演を行っている。

アスピーガールの心と体を守る性のルール

2017（平成29）年 3 月 31 日　初版第 1 刷発行
2023（令和 5 ）年 5 月 26 日　初版第 6 刷発行

著　者：デビ・ブラウン
訳　者：村山 光子　吉野 智子
発行者：錦織 圭之介
発行所：株式会社 東洋館出版社
〒101-0054　東京都千代田区神田錦町2丁目9番1号
コンフォール安田ビル2階
代　表　TEL 03-6778-4343 ／ FAX 03-5281-8091
営業部　TEL 03-6778-7278 ／ FAX 03-5281-8092
振　替　00180-7-96823
U R L　https://www.toyokan.co.jp
装　丁：mika
装・挿画：志村 貴子
印刷・製本：藤原印刷株式会社

ISBN978-4-491-03329-7　Printed in Japan